AF573361

Das Komplott an der Macht

Donatella Di Cesare

Das Komplott an der Macht

Aus dem Italienischen von Daniel Creutz

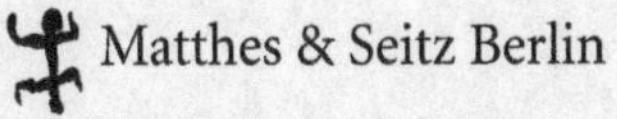
Matthes & Seitz Berlin

Inhalt

Wer zieht die Fäden? In den Untiefen der Intrige

Nur wenige Zeichen – und die auf Twitter lancierte Nachricht verbreitet sich prompt und unauslöschlich im planetarischen Raum des Netzes. Die Follower retweeten, Sympathisanten leiten sie weiter. Das auf den ersten Blick harmlose Gezwitscher bringt einen Zweifel zum Ausdruck, wirft Fragen auf: »#5G Schützt Euch vor den bösartigen Wellen und schädlichen Signalen«, »#Bigpharma Wem nützt die Massenimpfung?« Die Einwände jagen diesem Gezwitscher hinterher, die Entgegnungen verfolgen es vergeblich, während einen der Verdacht beschleicht und sich Angst breitmacht. Eine große Erzählung ist da überhaupt nicht mehr vonnöten; einige wenige Klicks genügen, um die Stimmen des Komplotts in alle Welt hinauszutragen.

Im 21. Jahrhundert hat das Phänomen derartige Ausmaße angenommen, dass immer öfter von einem goldenen Zeitalter des Komplottismus die Rede ist. Kein unverhofft eintretendes Ereignis, das nicht zugleich auch einen Schauder des Misstrauens erregen würde: Umweltkatastrophen, Terroranschläge, unaufhaltsame Migrationen, Wirtschaftskrisen, brisante Konflikte, politische Umstürze. Nach erstem Erstaunen und Empörung greift Panik um sich, steigt die verschwörerische Fieberkurve an. Wer steckt dahinter? Wer zieht die Fäden? Wer hat jene Ränke geschmiedet? Man sucht nach den Schuldigen für Katastrophen, für Armut, Kriege, Ungleichheiten, aber auch für die unzähligen Gewaltakte, Übergriffe und Missbräuche, für einen allgemeinen Mangel an Ethik und Moral, für ein diffuses Unbehagen, für den unendlichen Sinnverlust.

Der Komplottismus ist eine unmittelbare Reaktion auf überbordende Komplexität. Er stellt eine Abkürzung, mithin den schnellsten und einfachsten Weg dar, um einer unlesbar gewordenen Welt beizukommen. Wer zum Komplott Zuflucht sucht, hält die Beunruhigung, die offene Frage nicht mehr aus. Er erträgt es nicht, in einer äußerst wandelbaren und zutiefst instabilen Landschaft zu wohnen, duldet kein Befremden, keinerlei Fremdheit. Er zeigt sich unfähig dazu, sich gemeinsam mit den anderen als exponiert, verletzlich und schutzlos wahrzunehmen, daher jedoch auch als umso freier und verantwortlicher.

Enthüllen, entlarven, entmystifizieren – die erklärende Allmacht des Komplotts lässt keine ungelösten Rätsel oder Geheimnisse zurück. Was bislang noch keine Antwort gefunden hat, erklärt sich durch die Evidenz des Komplotts. Ja, das muss die Lösung sein! In der aus dem Halbschatten hinausgetretenen Welt wird es möglich, trennscharf zwischen Weiß und Schwarz, Licht und Dunkel, Gut und Böse zu unterscheiden. Das Prisma des Komplotts lässt ein beruhigendes, streng manichäisches Szenarium aufscheinen.

Es wäre demnach ein Fehler, es als Spleen isolierter Splittergruppen, als leierhaft wiederholten Ohrwurm von Subkulturen, als Residuum prälogischer Mentalitäten oder schlicht als hartnäckigen Aberglauben anzusehen. Der Komplottismus ist kein Wiederaufleben einer Vergangenheit, die nicht vergehen will, keine Wiederkehr eines alten Gespenstes, dessen endgültiges Verschwinden wir vertrauensvoll erwarten dürften. Darin gleicht er eng verwandten Phänomenen wie dem Negationismus, dem Antisemitismus und dem Rassismus. Ja, man kann sogar sagen, dass das Prisma des Komplotts ein getreuer Spiegel unserer Zeit ist. Wenn Verschwörungserzählungen ein derart großer Erfolg beschieden ist und sie inzwischen die öffentliche Meinung beeinflussen und durchdringen, dann weil sie konkurrierende Bedürfnisse miteinander in Einklang bringen und gemeinsame Bestrebungen mobilisieren.

Als Phänomen an den Rändern – das jedoch alles andere als marginal bleibt – spricht der Komplottismus insbesondere diejenigen an, die sich als Opfer der gegenwärtigen Krisen und der beängstigenden Zukunft empfinden, zu einer frustrierenden Ohnmacht verdammt und zu Statisten in den »Spielen der Politik« herabgesetzt. Deswegen konnte die bislang obskure komplottistische Versuchung inzwischen zu einem Massenphänomen aufsteigen und erscheint zunehmend als eine gewöhnliche Weise des Seins, Denkens und Handelns.

Die stattliche und sich gerade in den letzten Jahren vervielfachende Anzahl einschlägiger Studien zum Thema, die sogenannten *conspiracy studies*, nehmen im Laufe des letzten Jahrhunderts auf den Weg gebrachte Untersuchungslinien auf, entwickeln diese weiter und ergänzen sie.[1] Ihre Anlage bleibt jedoch nicht vom gängigen Negativurteil verschont, und ihre Grundhaltung reicht dementsprechend von gütiger Ironie bis hin zu strengster Missbilligung. Die vorherrschenden Interpretationslinien sind hauptsächlich zwei: Der Komplottismus wird entweder als psychische Pathologie oder aber als logische Anomalie betrachtet. Im ersten Fall fasst man die dunklen Winkel des Geistes ins Auge, in denen eine Clique winziger, allzeit zum Komplott bereiter Neuronen dem Denken unzählige Fallen stellt und es dazu treibt, einer angeborenen und gefährlichen Veranlagung nachzugeben, die sehr rasch degenerieren kann.[2] Im zweiten Fall hingegen fokussiert man auf die Logik komplottistischer Aussagen, das heißt auf falsche oder verfälschte Sätze, kurz, auf die Fake News, die im Zeitalter der *post-truth* und des Postfaktischen allerorten verbreitet werden.[3] In beiden Fällen handelt es sich um zutiefst normative

Herangehensweisen. Der mutmaßliche Komplottist müsse einer kognitiven Umerziehung unterworfen werden, um die Verzerrungen seines Räsonnements zurechtzurücken. Zudem sei es erforderlich, seine Aussagen der Praxis des *debunking* zu unterziehen, also jenem Widerlegungsprozess, der deren Unlogik und Falschheit ans Licht bringt. Trotz all dieser unternommenen Anstrengungen funktioniert keine dieser beiden Therapien wirklich, während die komplottistische Welle weiter anwächst.

Entweder Delirium oder Lüge – eine solche Stigmatisierung bleibt nicht nur unwirksam, sie wirkt überdies meist kontraproduktiv. Wie stets nützen polizeiliche Sanktionierungen des Denkens und inquisitorische Denunziationen wenig. Dennoch konnte sich seit einiger Zeit eine antikomplottistische Vulgata etablieren, die den Besitz der Wahrheit für sich reklamiert und die als deviant, irrational und gefährlich eingestuften Theorien ins Lächerliche zieht und delegitimiert. Ein solcher polemischer und pathologisierender Ansatz, der jedwede Kritik an den Institutionen von vornherein abqualifiziert, befeuert jedoch letztlich nur das Spiel der gegnerischen Parteien und vertieft eine zusehends unüberwindliche Kluft: auf der einen Seite diejenigen, die sich dazu bekennen, gegen das System zu sein und als Komplottisten beschuldigt werden; auf der anderen Seite jene, die sich auf die Richtschnur der eigenen Vernunft verlassen und wiederum bezichtigt werden, der herrschenden Ideologie Vortrieb zu leisten. Kurzum: Ein allzu reduktiver Antikomplottismus läuft Gefahr, die Fronten zwischen »offizieller« und »verborgener« Wahrheit weiter zu verhärten und dem Verständnis eines komplexen, polyedrischen Phänomens im Weg zu stehen.

Der Komplottismus ist weder ein mentaler Krampf noch eine Anhäufung irregeleiteter Argumente. Er ist vielmehr ein politisches Problem. Er betrifft nicht so sehr die Wahrheit als vielmehr die Macht. So gesehen ist es durchaus verwunderlich, dass in der breiten Reflexion zum Thema bislang ausgerechnet dieser entscheidende Knotenpunkt noch nicht ausreichend beleuchtet wurde: derjenige nämlich, der Komplott und Macht miteinander verknüpft.

Wer die offizielle Version bestreitet, zielt darauf ab, diejenigen anzugreifen, die Wissen und Macht in den Händen halten. Das Misstrauen gegenüber der Politik, den Institutionen, den Medien, den Experten steigert sich zu systematischer Ablehnung und wird zu einer Spirale des grenzenlosen Verdachts. Wenn sich katastrophische Ereignisse unter dem trüben Himmel der Globalisierung multiplizieren und die Welt auf ein unaufhaltsam vordringendes Chaos zuzusteuern scheint, dann wegen der »Kaste«, der »Oligarchie«, dem »internationalen Finanzwesen«. Das bringt die Forderung mit sich, den Blick zu schärfen und die geheimen Pläne der »Neuen Weltordnung« zu entlarven. Denn welche Art von Revolte wäre überhaupt noch denkbar gegen eine vollkommen gesichtslose Macht? Das stillschweigende Eingeständnis dieser Ohnmacht geht mit einem dumpfen Ressentiment einher, mit sich aufstauender Wut und dem unaufschiebbaren Bedürfnis, jenes Komplott an der Macht endlich aufzudecken. In der Spiegelgalerie des Komplottismus sind es dabei stets die anderen, die sich verschwören und Komplotte schmieden – und wer dementsprechende Anschuldigungen erhebt, will sich im Grunde nur verteidigen. »Okkulte Kräfte« und »starke Mächte« werden von einer politischen Theorie herbeizitiert, welche die globale Governance als Komplott ansieht und sich deshalb einer Strategie und Praxis der Gegen-Macht verschreibt, die unausweichlich als Gegen-Komplott verstanden wird. Die »Schwachen« besäßen überhaupt keine andere Möglichkeit des Widerstands gegen die »Herren der Welt«.

Der Komplottismus verleiht einem diffusen Unwohlsein Ausdruck und offenbart tiefreichendes Unbehagen. Er ist kein bloßes Anzeichen von Obskurantismus, sondern ein obskures Symptom. Er verweist auf die Krise, welche unsere Demokratien durchzieht. Wie viele gebrochene Versprechen! Wie viele verratene Hoffnungen! Aber welche andere Bedeutung kommt jenem viel herbeizitierten Terminus der Demokratie zu, wenn nicht die einer so lange erwarteten »Regierung des Volkes«? Und doch fühlt sich – wie in einem bitteren Scherz – das souveräne Volk alles andere als souverän. Die demokratische Macht scheint – von jener unkontrollierbaren des Komplotts bedroht – zu entgleiten. Dies ist bereits mehr als ein Verdacht: Die Demokratie scheint völlig illusorisch zu sein. Es wechseln die Regierungen, Parteien lösen einander ab, aber nichts ändert sich wirklich. Zurück bleibt der sogenannte »tiefe Staat«, jene institutionelle Macht, die sich dank der Kasten, Lobbys, Banken, Dynastien und Mediengruppen intakt halten und verstetigen kann. Das sind sie also, die mehr oder weniger heimlich die Fäden in den Händen halten, hier haben wir es endlich, das Fundament und Prinzip der wahren Macht!

Dass es neuerdings aber Präsidenten und Regierungschefs sind, die den *deep state* anprangern und eine Verschwörung wähnen, sollte zum weiteren Nachdenken anregen. Es handelt sich nämlich nicht nur um einen Vorwand, um sich aller Regierungsverantwortung zu entschlagen, und auch nicht nur um ein Vorgehen zu Zwecken geopolitischer Verteidigung. Der »tiefe Staat« wird zum Losungswort, um hinterlistig die ubiquitäre Qual zu verschärfen, in welche die demokratische Begeisterung inzwischen umgeschlagen ist. Man unterstellt, dass die Demokratie jeglichen

Wertes entleert würde, ja, dass sie bereits nichts anderes mehr sei als eine »Farce«. Der komplottistische Zweifel läuft hier mit einer bestimmten populistischen Auffassung der Volkssouveränität zusammen, die zum Simulacrum von »starken Mächten« geronnen sei.

Ist es denn möglich, dass die Demokratie nur ist, was sie zu sein scheint? Der leere Ort der Macht erscheint allzu leer. Weshalb der Komplottismus kurzerhand wieder die archaische Vorstellung einer absoluten und mit der Demokratie unvereinbaren Macht schürt. Aber womöglich ist der Komplottismus gerade die Maske der Macht in Zeiten der Macht ohne jedes Gesicht. Dann wäre es vielmehr geboten, dieses archaische Dispositiv selbst zu demaskieren, das dazu antreibt, eine *arché* – ein Prinzip und einen Befehl – vorauszusetzen, welche die Demokratie bereits seit Langem destituiert haben sollte.

Die Politik und ihr Schattenreich

Millionen Menschen auf der ganzen Welt glauben, die Politiker seien nichts als Marionetten in den Händen okkulter Kräfte. Nicht alles ist, wie es zu sein scheint. Hinter der sichtbaren, aber trügerischen Wirklichkeit verbirgt sich eine andere – eine authentischere und wahrere. Eine solche Spaltung der Wirklichkeit, diese Dichotomie von Innen und Außen, Oberfläche und Tiefe, die an das platonische Höhlengleichnis erinnert, bestimmt die politische Metaphysik der Gegenwart. Wenn es aber nur gesteuerte Strohpuppen und illusorische Simulacra sind, die sich in jenem Schattenreich bewegen, das sich als Wirklichkeit ausgibt, dann stellt sich die Frage, wo sich die Puppenspieler verstecken. Wer steckt dahinter? Wer regiert die Regierenden? Wer zieht die Fäden?

Diese Fragen, die bereits offen auf das Komplott hindeuten und zulaufen, lenken den Verdacht auf den Ort der Macht und das Fundament der Autorität. Insbesondere aber geht es darum, sich zu vergewissern, wer tatsächlich in deren Besitz ist. Sind es vielleicht diejenigen, die ein juridisches Mandat für sich beanspruchen und daher politische Ämter bekleiden dürfen? Oder aber ganz andere Instanzen, die unter der Hand einen weitaus größeren Handlungsspielraum besitzen, für dessen Ausschöpfung sie jedoch nicht verantwortlich gemacht werden können? Während sich die Wirklichkeit aufspaltet, kommt die Kluft zwischen offizieller und offiziöser Macht zum Vorschein, zwischen der anerkannten, jedoch impotenten und der verborgenen, aber effektiven Macht. Hinter der Fassade der scheinbaren Wirklichkeit mit ihren eingespielten Hierarchien, geordneten Verhältnissen und Prinzipien, bei der ein naiver und unbedarfter Blick stehen bleiben mag, verbirgt sich eine zweite, bedrohlichere und wirklichere, die von einer Macht bewohnt wird, deren Existenz, ja selbst deren Möglichkeit niemand vermutet hätte. Darin bewegen sich Individuen und Gruppen, die von familiären Banden, persönlichen Beziehungen, wirtschaftlichen Interessen und politischen Bestrebungen zusammengehalten werden. Eine solche Mitwisserschaft, die keinerlei juridisches Statut besitzt, bedeutet – mit gesenkten Augen beifällig nickend – ein fortwährendes gegenseitiges Unterstützen und Begünstigen in der Ausübung der Macht. In jenem zwielichtigen Halbschatten ist in Ränken, Netzwerken und Banden das Komplott am Werk.

Welche Kräfte regieren die Nation? Welche steuern den Markt? Welches Gesicht haben die Herren der Welt? Wer bestimmt den Gang der Geschichte? Gesucht werden die Verantwortlichen unzähliger Intrigen: Bankiers, Finanzleute, Kapitalisten oder aber Anarchisten, Umstürzler,

Terroristen oder auch Juden, Internationalisten, Kosmopoliten, fremde Mächte, ausländische Agenten – die Mutmaßungen beginnen zu wuchern.

Gewiss ist indes, dass der Komplottismus triumphiert und – weit davon entfernt, ein Nischenthema zu bleiben – als ein globales Phänomen massenhafte Ausmaße annimmt. Verschwörungserzählungen haben sich im öffentlichen Raum breitgemacht und können nicht mehr, wie ein altes Klischee noch will, für Hirngespinste extremer Splittergruppen gehalten werden. Vielmehr bilden sie ein Kaleidoskop, mithilfe dessen viele das gegenwärtige Weltgeschehen lesen. Niemand scheint dem mehr vollständig entkommen zu können.

Die Geschichte ist lang und die Beispiele vielzählig. Blickt man in die jüngere Vergangenheit, so ist das vielleicht emblematischste die Ermordung von John F. Kennedy: Die allermeisten schenken der »offiziellen Version« mittlerweile keinen Glauben mehr und hängen der Hypothese eines Komplotts an. Lee Harvey Oswald könne nicht der Einzige gewesen sein, der geschossen hat. Der Ku-Klux-Klan, die Mafia und die CIA müssen Beihilfe geleistet haben. Der Auslandsgeheimdienst, ein bösartiger Ausdruck amerikanischer Macht, ist ohnehin seit Langem der ideale Schuldige; sein Kürzel ist zum Siegel geworden, das zumindest vorübergehend jede weitere Untersuchung abschließt. In manchen Fällen hilft die Zeit eben nicht, die Zweifel zu zerstreuen. So glauben etwa immer mehr Menschen auf der ganzen Welt, die Anschläge vom 11. September seien das Ergebnis eines minutiös geplanten *inside jobs* unter direkter Beteiligung der amerikanischen Regierung. Die Liste der Komplotte ließe sich beliebig fortsetzen. Die Mondlandung von Apollo 11 sei in einem Fernsehstudio gedreht worden; der Klimawandel ein ausgemachter Schwindel von

Wissenschaftlern; Obama ein aus Kenia stammender sozialistischer Muslim; George Soros wache über die Umsetzung des auf »ethnischen Austausch« der europäischen Völker abzielenden »Kalergi-Plans«; das Coronavirus sei eine im virologischen Institut von Wuhan ausgebrütete biologische Waffe aus chinesischer Herstellung; die Impfungen dagegen stellen ihrerseits einen überaus gefährlichen Notbehelf dar, da sie Pathologien wie Autismus Vorschub leisten. Die Intrigen von Big Pharma bilden eine beständige Quelle der Besorgnis, während der obskure Aufbau der »Neuen Weltordnung« tiefe Beunruhigung erzeugt.

Spuren des Komplotts finden sich überall, in der durch Chemtrails verschmutzten Atemluft, in dem mit Fluoriden durchsetzten Trinkwasser, in der irreparabel verseuchten Erde. Und ein Komplott ist auch auf der Basis von in der Vergangenheit wie in der Zukunft notwendig unentziffert bleibenden Spuren und Indizien aufzudecken. Dasjenige, dem man für gewöhnlich Glauben schenkt, ist nichts als eine Lüge, während die Wahrheit anderswo zu suchen ist. Also gilt es, auch die Geschichte von Neuem zu durchforsten, um die Komplotte zu entlarven, die weiterhin ihre anhaltende Wirkung entfalten. Und der allergrößte geglückte Betrug – so viel sei sicher – bleibt jener gewaltige »Mythos«, demzufolge Adolf Hitler sechs Millionen Juden umgebracht habe.

Der Komplottismus erstreckt sich von der extremsten Rechten bis hin zur fabulösesten Linken. Aber auch abseits des politischen Lebens lässt sich nur schwerlich ein Bereich ausmachen, der gegen die komplottistische Infizierung immun wäre: von der ökonomischen Governance bis hin zum Gesundheitswesen, vom wissenschaftlichen Kontext bis hin zum kirchlichen Universum, um von der Geschichte gar nicht erst zu sprechen. Die mächtige Verbreitung von

Verschwörungserzählungen, begünstigt auch durch das Wuchern von Fake News, wird von unzähligen Büchern, Aufsätzen, Artikeln, Filmen, Fernsehserien, Dokumentarfilmen und journalistischen Ermittlungen bezeugt, bei denen auch ansonsten aufmerksam verfahrende Analysen nicht davor gefeit sind, Fiktion und Realität zu vermischen. Die Komplottindustrie kann weltweite Erfolge für sich verbuchen, darunter populäre Filme und Serien wie *Matrix* oder *X-Files*, aber auch Bestseller wie Dan Browns *Da Vinci Code*-Reihe, der auf alte antisemitische Stereotype zurückgreift und diese zu einer verharmlosenden Saga vermengt. Die Faszination für komplottistische Themen und Gegenstände überschreitet also die Grenzen der für sich genommen schon stattlichen Literatur des einschlägigen Genres, das sowohl Bücher, die Beweise und Gegenbeweise bezüglich einzelner Ereignisse beibringen, als auch Sammelbände mit den Schriften bekannter Verschwörungstheoretiker umfasst.[4] Diese sprunghafte Verbreitung oder Dissemination lässt sich mit einem regelrechten Spiegelspiel, einer zirkulären Wirkungskraft erklären, die von der Multiplizierung der Medien sowie des unbegrenzten Raums des Internets, in dem sich Verschwörungsvorstellungen wie ein Lauffeuer verbreiten, noch gesteigert wird. Wir befinden uns im Reich des medialen Nihilismus, in dem alle jederzeit an alles glauben – und niemand mehr wirklich an irgendetwas.

Die Unlesbarkeit der Welt

Seit einiger Zeit bietet der planetarische Raum das Schauspiel eines beunruhigenden Chaos. Tiefgreifende Umstürze, rapide Wandlungen, Krisen und unerwartete Ereignisse skandieren den beschleunigten Rhythmus eines Zeitalters, das – während es doch versprach, klar und deutlich, ja vollkommen transparent zu werden – in seiner ganzen ungeheuerlichen Undurchsichtigkeit aufscheint.

Die dem Kapital einverleibte Welt, die sich durch maßlose Verschuldung und abgründige Ungleichheiten auszeichnet, bildet ein instabiles und verworrenes Szenarium, das von Wutausbrüchen durchzogen und von einer diffusen Feindseligkeit umgetrieben wird. Der gespenstische Friede gerinnt zu einem endemischen Krieg, der Freund ist nicht mehr vom Feind zu unterscheiden, jedes Gesicht gleicht einer Maske. Alles scheint sich unter falscher Flagge abzuspielen.

Wir leben im Zeitalter der Ungewissheit. Die Angst vor den zunehmenden Gefahren wächst an, die Beklommenheit angesichts jener unbegreiflichen Vorfälle, die den Gang der Geschichte für immer umzulenken drohen, wird immer größer, die Furcht vor den Signalen einer heraufziehenden Katastrophe verschärft sich. Dem ersten Staunen folgt die kalte und nackte Empörung. Was geschieht, trotzt mit seiner unerträglichen Absurdität allem Verstehen.

Die Welt erscheint als unlesbar. Ihre Grammatik ist abstrus, ihre Syntax verworren. Es ist, als ließen sich keine inneren Zusammenhänge mehr erkennen, die zuvor noch alles zu einem Ganzen zu vereinen schienen. Der mythische Faden, den Ariadne Theseus zum Geschenk gemacht hatte, um sich mit dessen Hilfe im Labyrinth orientieren zu können, ist verschlissen, mehr noch: Er ist für immer gerissen. Diesem zeitgenössischen Drama eignet jedoch ein weiterer paradoxaler Zug, denn Theseus erkennt auch die Spuren nicht mehr, die er selbst hinter sich zurückgelassen hat. Als habe sich der Pfad nach langem Herumwandern derart komplex verschlungen, dass er kaum mehr nachvollziehbar ist. Es ist nun nicht mehr die Natur, die undurchdringlich ist; vielmehr ist jetzt die menschliche Geschichte selbst rätselhaft geworden.

Dies geschieht ausgerechnet am Gipfelpunkt der Globalisierung, wenn die eroberte, erschlossene und durchtechnisierte Welt endlich disponibel und stets zuhanden scheint. Das menschliche Subjekt hat diese als sein Gegenüber betrachtet und die eigene Weltanschauung ausgebildet, deren Grundlage der Glaube ist, sich selbst und die eigene Geschichte zu kennen. Doch auf einmal gelingt es jenem Subjekt, das sich für den Gebieter der Welt, für das privilegierte Zentrum des Systems, für den Regisseur des Handlungsgeflechts hielt, nicht mehr, sich zu orientieren. Es ist verloren. Die Zusammenhänge schwinden; die gesamtheitliche Anschauung löst sich auf. Im Konstrukteur der Welt steigt der Verdacht auf, selbst konstruiert worden zu sein. Der Lenker fühlt sich jetzt seinerseits gelenkt.

Das große Buch der Geschichte ist zu einem unentzifferbaren Text geworden. Die Lesbarkeit der Welt, auf der etliche Philosophen – von Vico bis Blumenberg – einst bestanden haben, erscheint als reines Blendwerk. Wir vermögen nicht mehr zu enträtseln, was wir selbst geschrieben haben. Abnutzung, Verschleiß, Simulation und Täuschung verhindern die Lektüre und untergraben jede Exegese. Und es geht dabei nicht um die unausbleibliche Vielfalt der Interpretationen. Die Welt ist aus den Fugen geraten und wie zerfleddert. Sie entfaltet sich nicht mehr aus dem einstigen gemeinsamen Band heraus, entlang einer geteilten Sinnrichtung.

Der Faden der Erzählung ist gerissen, das Handlungsgewebe brüchig geworden. Zurück bleibt allein eine schwer zu entwirrende Intrige. Und dennoch: Jene Knoten, jene verborgenen Verbindungen, die das Gefüge noch immer zusammenhalten, müssten doch irgendwie auffindbar sein. Man müsste nur genau genug danach suchen.

Die Welt besitze eine verborgene Seite, eine Hinterwelt, ein geheimes Reich, in dem es von klandestinen Aktivitäten und Nacht-und-Nebel-Aktionen nur so wimmelt, in dem Pläne geschmiedet, Informationen manipuliert, Gedanken kontrolliert und Überzeugungen gelenkt werden. In diesem okkulten Intrigenspiel laufen die Fäden des Handlungsgewebes zusammen, das äußerlich ausgefranst erscheint – so scheint, jedoch nicht wirklich ist. Wie durch Magie wird die aus dem Schatten herausgetretene Welt von einer ungekannten Helle erleuchtet. Endlich passt wieder alles zusammen, besitzt ein festes Fundament und eine exakte Ursache. Man lässt das Chiaroscuro der globalen Unordnung zurück, indem jene Dunkelheiten den in der Hinterwelt operierenden »obskuren Kräften« zugerechnet werden. Durch das Prisma des Komplotts wird alles unversehens wieder lesbar.

Die chaotische Welt nimmt scharfe Konturen an. Es wird möglich, das Gewebe der Erzählung wieder zu vernähen und die interpretative Ordnung erneut instand zu setzen. Auch diejenigen, die isoliert und verloren waren, zu Unrecht dem Vergessen überantwortet oder heillos von der Welt entkoppelt, von der ihr eigenes Leben höchstens eine flüchtige Episode darstellte, finden den Faden wieder. Die Vorstellung des Komplotts schmiedet neue Verbindungen – wie imaginär auch immer – zu den Leben der anderen und zur Geschichte. Jetzt wird klar, wie die Zukunft zu bewältigen wäre, ohne dadurch ihre lineare Entwicklung zu beeinträchtigen. Jetzt wird es sogar möglich, dem Geschehen einen globalen Sinn zurückzugeben.

Komplottisten sind Nostalgiker der Lesbarkeit. Sie hegen die Illusion, alles erklären zu können, bewahren den Traum einer vollständigen Intelligibilität der Geschichte. Sie finden sich nicht damit ab, als bruchstückhafte Spiegel zu existieren, deren Reflexion und Einsicht begrenzt bleiben. Für sie bewahrt das Ansinnen des aufgeklärten Menschen Geltung, der sich zum ganzheitlichen Spiegel der Vergangenheit macht und glaubt, darin die historische Bewegung auf die Zukunft hin lesen zu können, mithin jenen Fortschritt im Bewusstsein der Freiheit, den Hegel als den Gang der Geschichte ausgewiesen hat. In ihrem irrationalen Verlangen nach Rationalität behalten sie diese Richtung bei und pflegen das Trugbild der totalen Transparenz. Mit dem alleinigen Unterschied, dass sie ohne die zerronnene Hoffnung auf einen anderen Himmel die Finsternis durchforsten und die Mäander der Geschichte abschreiten, um die diabolischen Wege des Bösen zu erkunden, das stets noch besiegt und gesühnt werden muss.

Rätsel und Missverständnisse

Häufig wird der Terminus »Komplott« – bislang zuweilen auch in diesem Buch – als Synonym von »Verschwörung« oder »Konspiration« verwendet, so als handelte es sich um Entsprechungen, wenn auch nur aufgrund des ihnen gemeinsamen Geheimnisses sowie der ihnen zugrunde liegenden Machenschaft und Intrige. Das sie vereinende Szenario sind die im Schatten und vor neugierigen Blicken geschützt ausgetragenen Machtkämpfe. Allein jedoch, wenn man von den Unterschieden ausgeht, indem man weiter zurückliegende geschichtliche Epochen und verschiedenartige politische Ordnungen ins Auge fasst, lässt sich die Eigentümlichkeit einer jeden genannten Bezeichnung klären.

Im Hintergrund der Verschwörung steht der Schwur, der Eid, ein feierlicher Pakt zu Verschwiegenheit und Treue, der die Protagonisten aneinanderbindet, eine kleine Gruppe entschlossener Individuen, die zu allem bereit sind. Dies wird auch vom lateinischen *coniurare* angezeigt, gebildet aus der Vorsilbe *cum-*, die auf das Bündnis verweist, und dem Verb *iurare*, das – obgleich es von *ius, iuris* abstammt – keine Vereinigung gemäß dem Recht impliziert, sondern sich vielmehr auf den privaten Eid oder Schwur bezieht. Von Thukydides bis Herodot, von Plutarch bis Tacitus, von Sueton bis Sallust kann die Verschwörung eine lange Tradition in der antiken Welt für sich beanspruchen. Die lateinische *coniuratio* ist dabei die Lehnbildung des griechischen *synomosía*. Nichts in der Stadt wird mehr gefürchtet als diese – nicht einmal die Revolte oder der Bürgerkrieg. Denn die Verschwörung lässt sogleich ihr umstürzlerisches Potenzial durchscheinen. Ganz abgesehen von seinen konkreten Plänen, kompromittiert und überschreitet – wenn auch nur rein symbolisch – die Figur des Verschwörers den Eid, auf dem die *pólis* gründet. Hier beginnt bereits der Ausnahmezustand. Man schwört gemeinsam und begründet damit einen alternativen, zur konstituierten Macht spiegelbildlichen Bund. Durch den geheimen Pakt sowie die rituelle Wiederholung von formelhaften Phrasen, denen juridisch-sakramentale Bedeutung zukommt, zusammengeschlossen und einander verpflichtet, bilden die Verschwörer eine Gruppe für sich, eine Faktion, ein Sippenbündnis, eine Clique.[5]

Über die Jahrhunderte hinweg behält die Verschwörung die eigentümlichen Züge einer Form des politischen Kampfes bei, der – mag er auch von hochgesinnten Idealen gerechtfertigt werden – nicht davor zurückschreckt, handfeste Gewalt anzuwenden, um die Macht aus den Angeln zu heben. Mit Dolch und Gift vollzieht sich die Tötung des Tyrannen, die Beseitigung des diensthabenden Mächtigen und wird der Handstreich, der Aufstand, die Wiederherstellung einer legitimen Regierung, die Rückkehr zur Freiheit ins Werk gesetzt. Bei ihrer Teilnahme an einer solch schonungslosen und halsbrecherischen Unternehmung sind die Verschwörer bereit, ihr eigenes Leben zu opfern. Die Aufwendung einer reinigenden und gründenden Opfergewalt, die es vermag, eine andere Ordnung, eine neue Souveränität einzusetzen, findet ihre Legitimierung infolgedessen häufig in einem geweihten Raum und einer kultischen Zeit. Die Meuchelmörder bewegen sich auf den dunklen Fluren des Königspalastes, im geschützten Halbdunkel eines Kirchenschiffs und werden zumeist während einer liturgischen Feier oder anlässlich eines Gedenktages aktiv. In jenem heiligen Bezirk adelt der Täter seine unheilvolle Tat und spricht sich selbst von ihr frei. Als äußerster Akt der Befreiung kann die Verschwörung hernach ihrerseits zu einem Feiertag der neuen Ordnung werden.

Vielleicht hat niemand so tiefgehend und nüchtern die verborgenen Rückzugswinkel der Verschwörung ergründet, die bei ihm zur politischen Kategorie aufsteigt, wie Machiavelli. Es genügt, an die *Discorsi* (*Abhandlungen über die ersten zehn Bücher des Titus Livius*) zu denken, von denen ein ausgegliederter Teil (Buch III, Kapitel VI) 1575 in Paris unter dem Titel *Traité des conjurations* (*Abhandlung über die Verschwörungen*) publiziert wurde. In der vielschichtigen Phänomenologie, die in seinen Schriften Gestalt annimmt, ist die Verschwörung ebenso ruchlos und verwegen wie bemerkenswert, da sie einen politischen Akt darstellt, der – obgleich oft zum Scheitern verurteilt – auf die Kräfteverhältnisse der Macht Einfluss nimmt. Für Machiavelli, der in eigener Person – etwa im Rahmen eines Vorgehens gegen die Medici – betroffen war, verschärft die Verschwörung als eine dramatische Geste, welche die Politik theatralisiert, den Konflikt, indem sie das Volk mobilisiert und auf den Plan ruft.

Und tatsächlich treten die Verschwörer schließlich aus dem Schatten hervor und bekennen Flagge: Sie haben einen Namen und ein Gesicht; es handelt sich um Individuen aus Fleisch und Blut, um die Protagonisten exakt identifizierbarer geschichtlicher Ereignisse. Ebenso konkret wie sie ist aber auch die anvisierte, durch den Fürsten oder den Souverän repräsentierte Macht, die gestürzt, ergriffen und ersetzt werden soll. So gesehen könnte man sagen, dass gerade Machiavelli eine Wasserscheide zwischen dem neuzeitlichen Szenarium der Verschwörung und dem gegenwärtigen des Komplotts bezeichnet – zwischen einer physisch ausweisbaren Macht und einer Metaphysik der Macht. Es ist daher kein Zufall, dass im demokratischen Kontext kaum mehr von der feierlichen und erhabenen Verschwörung die Rede ist, die immer ferner in die Vergangenheit rückt.

Das Komplott sollte zudem aber auch von der Konspiration unterschieden werden, wenngleich der Einfluss des Englischen weiter dazu antreibt, die beiden Begriffe als äquivalente Termini zu gebrauchen. Im Übrigen stellt die *conspiracy* in verschiedenen Rechtsordnungen noch immer einen belastbaren Anklagepunkt dar. Und doch sind auch in diesem Fall die Unterschiede alles andere als unerheblich. Das Vokabular ist noch immer das des politischen Kampfes, und das semantische Feld wird auch hier vom Lateinischen abgesteckt. Das Wort *conspiratio* setzt sich aus *cum-* und *spirare* zusammen und bedeutet wörtlich: gemeinsam atmen, in Einklang und Einvernehmen. Hier jedoch trifft man weder auf einen Schwur oder Eid noch auf einen heiligen Bund. Heimlich raunt man seinem Nachbarn ins Ohr, man flüstert den Gefährten zu, verabredet mit gedämpfter Stimme eine gemeinsame Aktion gegen die konstituierte Macht, den Staat, die Institutionen.

Von einem geteilten Odem, einer gemeinsamen Eingebung zusammengehalten, kann sich die Konspiration ebenso gut weiter zur Revolte auswachsen. Wörterbücher und Lexika versäumen daher nicht, ihre subversive Konnotation hervorzuheben.

Eine Bestätigung dafür lässt sich dem Substantiv »Konspirator« entnehmen, nahezu ein Synonym für den Revolutionär. Die Heimlichkeit seines Verhaltens und seiner Aktionen wird von der repressiven Macht diktiert, der nicht offen und unverhohlen gegenüberzutreten ist. Denn der Konspirator von heute ist der Aufständische von morgen. Sein Handeln mag illegal sein, nicht aber ist es zugleich auch illegitim. Daher erwartet er sein zukünftiges Urteil. Diese Figur aus dem 19. und 20. Jahrhundert von oft legendären Umrissen, die Unmengen an Literatur genährt hat, ist in der Tat von der Geschichte zumeist nicht verdammt worden. Ein Konspirator zu sein, ist nichts an sich Verwerfliches, Unwürdiges oder Verachtenswertes. Es genügt, hierfür an die Carbonari zu denken, die Mitglieder jener mehrheitlich demokratisch gesinnten Geheimbünde, die in einem gesamteuropäischen Kontext gegen die monarchischen Regime ankämpften. Einschlägig ist das Beispiel Filippo Buonarrotis, des sodann zum französischen Staatsbürger gewordenen italienischen Revolutionärs und Freundes von Gracchus Babeuf, der zeitlebens den egalitär-kommunistischen Idealen treu blieb und unzählige Revolten anzettelte: ein wahres Sinnbild des Konspirators. Ihm haben wir das berühmte Werk *Konspiration für die Gleichheit* von 1828 zu verdanken, in dem er nach dem Todesurteil gegen Babeuf die Ereignisse jener vorzeitig aufgedeckten und vereitelten Revolte rekonstruierte und offensiv die Bezeichnung »Konspiration« für sie geltend machte. Gewiss, nichts hindert daran, dass in jenem Halbschatten, in jener

»Welt, die es nie gegeben hat« – um den Titel des faszinierenden Buches von Alex Butterworth aufzugreifen –, in der sich Träumer, Revolutionäre, Anarchisten und Geheimagenten bewegen, Grenzen verschwimmen und sich die Rollen vertauschen und verkehren.[6]

Was aber ist dann ein Komplott? Wie ist es zu definieren und welches Konzept wäre ihm zugrunde zu legen? Die Liebhaber eindeutiger Definitionen müssen hier wohl enttäuscht werden. Auch nur der Versuch, ein für alle Mal das Wesen des »Komplotts« zu erfassen, das beständig entweicht und sich verbirgt, ist dazu bestimmt, unbefriedigend zu bleiben.[7]

Womöglich kommt, wie auch in anderen Fällen, die Etymologie zu Hilfe. Doch an ihrem Ursprung verbirgt sich mehr als nur ein Rätsel. Mit Gewissheit lässt sich sagen, dass das Wort *complot* im Altfranzösischen gegen Ende des 12. Jahrhunderts in der Bedeutung »gedrängte, verdichtete Menschenmenge« im Umlauf war. Daher muss es in einer in Vergessenheit geratenen weiblichen Form so etwas wie Versammlung, Masse, Menschenauflauf bedeutet haben – etwa wie eine Heerschar in der Schlacht. Auf der Schwelle zur Neuzeit wanderte *complot* sodann aus dem Französischen in etliche andere Sprachen aus: ins Italienische, Spanische, Deutsche, Schwedische, Portugiesische usw. Und während jenes Übergangs überließ die konkretere Bedeutung nach und nach einer abstrakteren, nämlich derjenigen von »mehreren Personen gemeinsame Auffassung, Intelligenz« ihren Platz – vom dichten Gedränge hin zur Vereinbarung, von der unerklärten Vereinigung hin zum Einverständnis, von der Kohäsion der Körper hin zum Zusammenschluss der Geister.

Mehrdeutiger und fraglicher bleiben unterdessen andere Indizien. Beispielsweise dasjenige einer Assonanz mit *comploit*, vom lateinischen *complex*, Komplize, Verbündeter, oder von *cum-plicare*, einfalten, zusammenhalten. Ferner gibt es jene, die in Komplott das Diminutivum von *comble*, voll, angefüllt, erkennen wollen, vom Lateinischen *cumulus* herstammend, was nicht nur Haufen bedeutet, sondern auch eine Masse oder Ansammlung von Menschen. Einige Etymologen haben schließlich gar ein Verb *com-peloter* imaginiert: Komplott leite sich damit vom Pelota-Spiel her, das seinen Namen von dem aus eng miteinander verflochtenen Seilfäden und einer diese umgebenden Schutzhülle bestehenden Spielball bezieht. Verschiedene Züge des Komplotts – von der Unentwirrbarkeit der Fäden bis hin zur äußeren Abschirmung – tauchen auch in dieser fantasievollen, jedoch nicht belegbaren Version wieder auf.

Weitaus zuverlässiger und interessanter ist die Spur der englischen Sprache, in der *complot* bei seiner Ankunft auf das Verb *to plot* – einen Plan entwerfen, ein Diagramm zeichnen – stößt. Von dort ausgehend lässt sich die Überlagerung und Synergie der beiden Termini mühelos nachzeichnen: Ein Komplott wird immer mehr zu einer Vereinigung auf der Grundlage eines Entwurfs, eines Schemas, eines Plans. Ja, es fällt schließlich sogar mit jenem Geheimplan, jener Machenschaft zusammen. Die figurative Bedeutung wird vorherrschend, zumal *plot* auch das Handlungsgeflecht, die Intrige einer Erzählung meint. Aus dem ursprünglich kriegerischen wechselt das Komplott in den narrativen Kontext über, wo es sich dauerhaft niederlässt, ohne dabei je seinen politischen Sinn einzubüßen.

Während bei der Verschwörung Gesichter und Namen hervortreten, die nicht selten in die Geschichte eingegangen sind, ist das Komplott eine gedrängte, dichte Masse, eine Kollektivität, in der die Einzelnen unerkannt bleiben, eine namenlose Gesamtheit, ein Komplex ohne jedes Gesicht. Das Komplott bezeichnet genau diese vage und nebulöse, ebenso dunkle wie flüchtige Entität. Weder Schwur oder feierliches Versprechen noch eine gemeinsame Eingebung oder Bestrebung; rein gar nichts, was auf eine explizite Vereinbarung hinwiese. Nur ein obskures Gewirr, ein dichtes Knäuel, in dem die Schussfäden des Gewebes kaum auszumachen sind. Das Geheimnis umweht dieses Geflecht, das Rätsel durchdringt es und hält es zusammen. Jene höhere und verborgene »Intelligenz« ist derart unpersönlich, dass sie an ein erschreckend autonomes Getriebe denken lässt.

Da haben wir es also: das Komplott, oder besser – die Macht. Dies ist die Art und Weise, in welcher in der gegenwärtigen Welt die gesichts- und namenlose Macht vor- und dargestellt wird, die immer und überall herrscht, jedoch in keinem Augenblick und an keinem Ort wirklich greifbar wird: dieses Netz automatisierter Befehle, das dunkle hierarchische Prisma, jenes techno-mediale Dispositiv, das im weltweiten Maßstab regiert.

Für diejenigen, denen die subversiven Kräfte von einst abhandengekommen sind und die in Düsternis und Nebel verwirrt und desorientiert zurückbleiben, zieht das Komplott auf der anderen Seite der Barrikaden herauf. Sie verschwören sich nicht mehr, nehmen nicht länger die konstituierten Autoritäten ins Visier. Für diese potenziellen Komplottisten bedeutet gegen die von raffinierten Regisseuren oder schlichten Befehlsvollstreckern ausgeübte »okkulte Macht« zu kämpfen, diese zu demaskieren und in jener Intrige trotz allem einen Namen und ein Gesicht zu erkennen. Der Komplottismus lässt das »Komplott« daher nicht unberührt; er intensiviert und expandiert dessen Sinn.[8] Er verschärft es durch einen Überschuss: Das Komplott wird global und dauerhaft.

Umso irreführender erscheint die seit mehr als zwei Jahrzehnten gängig gewordene Rede von »Verschwörungstheorien«, die sich als Quelle zahlreicher Missverständnisse erwiesen hat. Es handelt sich offensichtlich um die Übersetzung von *conspiracy theories*, eine Formulierung, die von Karl Popper in seinem zweibändigen Werk *Die offene Gesellschaft und ihre Feinde* von 1945 eingeführt wurde, jedoch im Original auch schon vom *Oxford Dictionary* von 1909 bezeugt wird und sogar bereits seit 1870 in Umlauf war.[9] Es ist beinahe unnötig hervorzuheben, dass »Theorie« – weit davon entfernt, die Strenge und Ernsthaftigkeit des wissenschaftlichen Modells für sich beanspruchen zu können – hier eine pejorative Bedeutung annimmt und vielmehr eine fantastische Hypothese, ein bloßes Gerücht, einen Aberglauben, eine Pseudoerklärung ohne jede Grundlage bezeichnet. Auf diese Weise begeht man jedoch – abgesehen von der Tatsache, einen zensorischen Tonfall anzuschlagen sowie einem oberflächlichen und illusorischen Antikomplottismus Vorschub zu leisten – den schwerwiegenden strategischen Fehler, »Verschwörungstheorien« auf die Kriterien des Wahren und des Falschen zurückzuführen. So verfehlt man nicht nur das Problem, sondern endet in einer regelrechten Sackgasse. Die Wunschvorstellung, ein objektives Unterscheidungs- und Bewertungskriterium auffinden zu können, zeitigt nichts als schädliche Auswirkungen. Der Komplottismus kann weder bemessen oder beurteilt noch gar vollkommen liquidiert werden. Er reduziert sich nicht auf theoretische Hypothesen und entzieht sich daher der Dichotomie von Wahrheit und Falschheit. Im Übrigen wird die Abwesenheit von Beweisen ihrerseits häufig als schlagender Beweis gewertet. Was für die einen nichts als komplottistische Fantasterei ist, kann für andere das Ergebnis eines mehr als wirklichen Komplotts sein. Es wäre daher angemessener, wenn überhaupt von »Verschwörungserzählungen« zu sprechen, eine Formulierung, die zumindest einigen Zügen des Komplottismus gerecht wird, der auf halbem Wege zwischen einem (Neu-)Schreiben der Geschichte und einer Entfaltung der Fiktion zu liegen kommt. Es ist demnach geboten, jeden übereilten Definitionswahn hinter sich zu lassen, um das Phänomen zunächst in seiner aktuellen Komplexität zu befragen.

Das Dispositiv des Komplotts

Für gewöhnlich blickt man von außen und in instrumenteller Manier auf das Komplott. Irgendwo ist ein Komplott am Werk. Oder aber es hat bereits stattgefunden und könnte sich jederzeit wiederholen. Daher wird es – je nach den vorherrschenden Urteilen – als Aberglaube, Pathologie, Lüge oder Gift verstanden.

Vielleicht aber wäre endlich ein Perspektivwechsel zu vollziehen, um es stattdessen von innen heraus zu betrachten. Das Komplott wird sich dadurch noch erweitern und verschärfen – und schließlich als diejenige politische Form erscheinen, die in der Zeit einer totalen Eklipse der Politik zurückbleibt. Es handelt sich jedoch nicht um eine beliebige Form, sondern um ein regelrechtes »Dispositiv« in eben jenem Sinne, in dem die Philosophie diesen Begriff in ihren Reflexionen auf die Technik konturiert hat. Das Komplott ist kein bloßes Instrument unter anderen, dessen sich die Macht nach Gutdünken bedienen könnte. Es ist vielmehr das Dispositiv, in dem sich die Macht artikuliert, umsetzt und zugleich verbirgt. Es ist die Maske der Macht in Zeiten der Macht ohne jedes Gesicht.

Gerade weil es ein doppelseitiges Gewebe bildet, antwortet das Komplott auf jene Spaltung der Wirklichkeit, welche die zeitgenössische Politik und die sie untergreifende Metaphysik bestimmt. Diese Wirklichkeit scheint so streng vorprogrammiert und vorausgeplant zu sein, dass sie vollkommen voraussehbar ist – und erweist sich dennoch gleichzeitig als brüchiger und inkonsistenter denn je zuvor, sodass sie eine beispiellose Beunruhigung erzeugt.

Ist von einem Komplott die Rede, stellt man sich – insofern dessen metaphorische Bedeutung nie ganz verschwunden ist – eine Verwebung, eine (Handlungs-) Verflechtung, ein Netz aus Verbindungen, ein sich ausdehnendes Gewebe vor. Sicher ist, dass sich gerade dieses Bild inzwischen ausgeweitet hat und das Komplott ebenso umfassend geworden ist wie die Welt selbst. Einen entscheidenden Beitrag dazu hat die Technik geleistet. Das Internet hat die Erde verbunden, sie von einem Pol bis zum anderen verlinkt, sie eingewickelt und umhüllt, umschlossen und umgrenzt, sodass sich unser Bild von ihr verändert hat. Die Welt des Internets ist die technische Repräsentation der Welt: Telekommunikationskabel, Elektroleitungen, Glasfasernetze, Lichtwellenleiter, mobile Flüsse, die sich in einem Labyrinth von Knotenpunkten und Anschlussstellen bewegen und verzweigen, sich in der Luft, in den Untiefen der Ozeane, den Mäandern der Erde kreuzen. Hard- und Software-Technologie wechseln einander in allen Breiten des Cyberspace ab. Sie beschränken sich nicht darauf, zu informieren – sie formieren: Sie ordnen an, organisieren und regulieren.

Wir sind längst keine Zahlen mehr im großen Ordner Gottes; wir sind vielmehr im omnipräsenten Netz gefangen, das die Welt insgeheim einrichtet und disponiert. Unsichtbare Linien und hauchdünne, kaum wahrnehmbare

Leitungen verfolgen uns allerorten. Wo sie hinreichen, dort manifestiert sich die Macht und wächst der Verdacht. Auf einmal erscheint die Welt als von einem gewaltigen Komplott organisiert und kontrolliert. Aufgrund des technomedialen Bildes von ihr ist die Welt selbst zu einem Komplott geworden – und das Komplott die Welt.

Es handelt sich nicht mehr um eine vereinzelte Intrige, um die Machenschaft derjenigen, die hinter den Kulissen am Werk sind und deren politisches Geheimnis aufzudecken bleibt. Vielmehr ist das Geheimnis das einer vom Komplott umgarnten Welt, oder besser gesagt: des weltumspannenden Komplotts. Der Verweis auf dieses Bild sollte jedoch nicht irreführen, denn das Problem ist nicht auf Räumlichkeit und Sichtbarkeit beschränkt: Das Komplott ist die Form, in der wir heute die Welt verstehen und bewohnen.

Spricht man in philosophischer Hinsicht von einem »Dispositiv«, so bezieht man sich auf die Übertragung des berüchtigten Begriffs »Gestell«, den Martin Heidegger geprägt hat, um das Wirken der Technik zu erfassen und zu charakterisieren.[10] Eingerichtet zu Zwecken der Herrschaft und Kontrolle, so als handelte es sich um ein neutrales Instrument im Dienste der emanzipierten Menschheit, enthüllt die Technik Stück für Stück ihr finsteres, beunruhigendes und erschreckendes Gesicht. Seit Langem schon ist dieser Mechanismus unkontrollierbar geworden: Das Getriebe dreht sich autonom fort, das Gestell ordnet an und disponiert. Das moderne Subjekt, zutiefst davon überzeugt, alles durch die Technik beherrschen zu können, wird selbst verdrängt und abgesetzt. Der Konstrukteur wird zum Konstruierten und stellt fest, in einem schrankenlosen Produktionsprozess angestellt zu sein, als Funktionär in der Fabrik des Ordnens und Bestellens.

Die Welt des Komplotts ist die vom Gestell der Technik gestützte und orientierte, deren Wirklichkeit vom medialen Netz konstruiert, wenn nicht gar beständig manipuliert wird. Das »Dispositiv« jedoch bezeichnet – in der Richtung, in der Giorgio Agamben das Denken Michel Foucaults fortschreibt – zudem auch die *oikonomia*, das heißt die gouvernementale Maschine, die reine und bloße Verwaltung in einem Zeitalter, in dem die Politik weitestgehend eingestellt und suspendiert worden ist.[11] Diese unablässig weiterlaufende Maschine unterliegt dabei der Gefahr – anstatt einem vorbestimmten Heilsplan zu folgen –, die Welt in die unabwendbare Katastrophe zu führen.

Man verstünde jedoch die Weitläufigkeit des Komplotts nicht, die inzwischen einen planetarischen Umfang erreicht hat, wenn man es allein in seinem technischen, nicht aber auch ökonomischen und politischen Aspekt betrachtete. Denn das Komplott ist die konstitutive Form einer Welt, die der kapitalistischen Hybris unterworfen ist und von der Allmacht des Staates beherrscht wird. Gerade der Staat, diese artifizielle und zutiefst doppeldeutige Konstruktion, bildet als Versprechen von Schutz und Sicherheit sowie als gleichzeitige Bedrohung durch Überwachung und Zugriff das übermächtige Gespenst des Komplotts. Nicht mehr allein die grauen bürokratischen Apparate und Geheimdienste stellen die Quintessenz von Spionage und okkulten Aktivitäten dar – vielmehr erscheint der Staat selbst in seiner unverbrüchlichen Verbindung mit der Technik und dem Kapitalismus als ein ausgedehntes Komplott. Dies ist im Grunde genommen die jüngste und frappierendste Enthüllung, auf welche die totalitäre Berufung des Komplotts bereits vorausgedeutet hatte. Die politische Landschaft wird vom Phantom eines Weltstaates umgetrieben, der eine Quelle der Besorgnis, von Verdächtigungen und Anschuldigungen darstellt. Das Staatskomplott wird dadurch nicht nur einfach weiter ausgedehnt, sondern zu einem weltumspannenden Komplott.

Wie könnte man sich dem noch entziehen? Und wohin Zuflucht suchen? Ein Ausweg ist nicht in Sicht. Innerhalb des Imperiums des Komplotts steht man dem unergründlichen technisch-staatlichen Dispositiv vollkommen wehrlos gegenüber. Die gesichtslose Macht verbreitet sich im Geheimen und mit einer listigen Undurchsichtigkeit, die es nicht erlaubt, ihren Spuren zu folgen und die verstreuten Fäden aufzunehmen. Ein jeder unterliegt dem Schwindel des Komplotts, fühlt sich von Unbekannten manipuliert, die ihrerseits manipuliert und gesteuert werden. Daher ist die Existenz zugleich hyperorganisiert wie vollkommen unberechenbar. Wenn das Komplott zunehmend im Innersten des Staates seinen Sitz findet, dann deshalb, weil die Macht nicht nur durch das Komplott selbst ausgeübt wird, sondern mindestens ebenso vermittels der Bedrohung durch unmittelbar bevorstehende innere wie äußere Komplotte, die unentwegt als Warnzeichen und Herausforderung für das eigene Überleben heraufbeschworen werden.

Ist es möglich, die dem zugrunde liegende politische Metaphysik zu dekonstruieren, ohne eine aussichtslos bleibende Enthüllung des Geheimnisses zu erwarten? Andernfalls verschriebe man sich der verkrampften und vergeblichen Erwartung, die Spaltung der Wirklichkeit würde endlich schwinden und versöhnt werden, wenn man erst dem Komplott auf die Schliche gekommen wäre. Erst dann fiele die vermeintliche, jedoch fiktive, wieder mit der verborgenen und effektiven Wirklichkeit zusammen. Aber gibt es wirklich ein Geheimnis, ein endgültiges Wissen, ein letztes Fundament, auf dem alles gründet und aufbaut? Oder ist das Geheimnis nicht vielleicht gerade in der Inexistenz des Geheimnisses wie auch jedweden letzten Fundaments zu suchen? Sich einzubilden, auf eine andere, jenseitige, verborgene und wahre Wirklichkeit zugreifen zu können, wäre selbstzerstörerisch und würde letzten Endes tödlich wirken.

Das zeigt nicht zuletzt George Orwells *1984*, in dem sich Staat und Komplott im Rahmen einer biopolitischen Ordnung, die ins Innerste des Lebens eingreift, wechselseitig durchdringen. Wie auf einem langen Weg der Initiation liegt auch hier das letzte Geheimnis in der Abwesenheit des Geheimnisses: Auf dem Grund jener Ordnung existiert kein letztgültiges Wissen und auch kein Letztfundament. Ihr keinen Glauben zu schenken und nicht danach zu suchen, stellt den Weg der Rettung und die Möglichkeit des Überlebens dar.

Es ist daher tatsächlich geboten, das Komplott zu demaskieren – unter der Bedingung jedoch, dass es als jenes Dispositiv der Macht verstanden wird, das einem archaischen Bedürfnis gleichkommt, da es glauben macht, man müsse nach einer *arché* suchen, nach einem Prinzip und Befehl als Erklärung der Welt und ihrer Ereignisse.

Demokratie und Macht

Wäre der Komplottismus ein Restbestand der Vergangenheit, müsste er sich zunehmend erschöpfen. Ganz im Gegenteil ist er jedoch in den heutigen Demokratien so weit verbreitet, dass er ein alles andere als zufälliger Aspekt zu sein scheint. Aber wieso? Wie lässt sich die überraschende und doch so innige Verbindung zwischen Komplott und Demokratie erklären? Gerade das Schlüsselwort »Macht« könnte auch hier die Antwort liefern.

Dazu genügt es, einen kurzen Blick auf den Beginn der demokratischen Moderne zu werfen. Es ist die von der Französischen Revolution eröffnete neuartige politische Landschaft, die vom Komplott sogleich erobert und besiedelt wird. Nur wenn man es in jenem Kontext betrachtet, lässt sich auch seine aktuelle Bedeutung genauer fassen.

Wer heute in der direkten Linie eines mehr als zwei Jahrhunderte alten Erbes lebt, kann sich nur schwer vorstellen, welch große Überraschung die Revolution von 1789 bedeutet haben muss. Nie zuvor hatte man einem derart außergewöhnlichen, ungeheuren und verheerenden – und daher auch unergründlichen und mysteriösen – Ereignis beigewohnt. In kürzester Zeit wurde die älteste europäische Monarchie hinweggefegt; die nachhallende Erschütterung fügte jedoch der alten Ordnung insgesamt Risse zu und sollte diese für immer kompromittieren. Die Tore der Geschichte hatten sich endlich für die Massen geöffnet, die nun ins Freie traten, um zu Protagonisten ihres eigenen Lebens zu werden. Die Politik erreichte die Massen, und die Massen ergriffen im öffentlichen Raum das Wort. Hier traten sie plötzlich auf den Plan, das souveräne Volk und die Demokratie.

Wer hätte eine derart diabolische Aktion aushecken und inszenieren können, ein solch verhängnisvolles subversives Komplott gegen die Monarchie, die konstituierten Mächte, das Privateigentum und die christliche Religion? Aus dieser Frage geht die komplottistische Auffassung der Französischen Revolution sowie eine lange fortdauernde Interpretationsströmung hervor, die darauf ausgerichtet ist, den Zufall aus der Geschichte auszumerzen: Wenn all dies geschehen konnte, dann weil es jemand so gewollt hatte. Auf den Spuren Augustin Barruels, der seine kanonische Lesart bereits in den *Denkwürdigkeiten zur Geschichte des*

Jakobinismus von 1797/98 dargelegt hatte, waren etliche Konterrevolutionäre von einem jakobinisch-freimaurerischen Komplott überzeugt, das von den *philosophes* als den führenden Vertretern der Aufklärung erdacht und entworfen worden war.

Aber komplottistische Anwandlungen waren auch auf der Gegenseite am Werk. Die Revolutionäre vermuteten von Anfang an heimtückische Intrigen und geheime Absprachen von Monarchisten, Klerikern und ausländischen Agenten, die Vaterland und Freiheit bedrohten. Ihre Aktionen richteten sich gegen das aristokratische Komplott. Von Saint-Just bis Marat erklang der dringliche Aufruf zum Präventivschlag, während sich der Verdacht allerorten einzunisten begann. Robespierre schwang sich schließlich zum Verfechter der Wachsamkeit gegen das dunkle und dauerhafte Komplott auf. Vor einem immer umfassenderen manichäischen Horizont, der nur mehr Patrioten und Volksverräter kannte, zeichnete sich bereits die künftige Abdrift des Terrors ab. In seinen ausgedehnten Forschungen zur Französischen Revolution konnte der Historiker François Furet daher die große Bedeutung der Idee des Komplotts hervorheben, die aus demselben Stoff zu bestehen scheint, aus dem auch das revolutionäre Bewusstsein seine Gestalt annimmt.[12] Es ist, als treibe die Suche nach der okkulten Macht die Demokratie von ihrem Beginn an um.

Das Volk ist endlich souverän. Wo aber ist seine Macht zu finden? Während sie sich zuvor im Körper des Königs verdichtete und also leicht zu identifizieren war, weiß man nach der Absetzung des königlichen Schemas und der Einführung der Demokratie nicht mehr, wo sie zu suchen, woran sie wiederzuerkennen ist. Sie erscheint als vorübergehend und flüchtig. Jedes Mal von Neuem wird sie der Wahl und Zustimmung der Bürger anheimgestellt. Das Volk ist die Macht – doch nur das Wort garantiert, dass dies auch so bleibt. Die Macht des Volkes ist recht eigentlich die Macht von niemandem. Eine präzedenzlose Leere tut sich auf, die einstweilig vom Wort gefüllt wird, das gemeinsam und öffentlich ist, während die Macht scheinbar im Geheimen genährt wird.

Musste die Macht tatsächlich in jener Leere enden? All die Anstrengungen, um am Ende zu einem derart befremdlichen Resultat zu gelangen? Man hat große Mühe zu glauben, dass dies die ganze Demokratie sei: An die Stelle des absoluten Fundaments des Souveräns tritt die Abwesenheit jedweden Fundaments und Absoluten. Das Staunen und die Erschütterung der in die demokratische Moderne katapultierten Bürger lassen sich erahnen. Und damit verbunden auch die Unsicherheit, die Ungewissheit, die Angst. Die Macht des Volkes ist ein Rätsel, eine mysteriöse »Leere«, die sich bei genauerem Zusehen mit allerlei Gespenstern füllt: den Gespenstern des Komplotts. Hinter dem Anschein der soeben erst errungenen Macht verbirgt sich die wirkliche Macht okkulter Kräfte. Diese Vorstellung folgt auf die Idee des Souveräns und gleicht sie aus. Es handelt sich um ein und dieselbe Metaphysik, die verhindert, sich vom Mythos der Macht zu verabschieden, und die dem Komplott Vorschub leistet.

Das Verlangen, die unsichtbare Macht zu entmystifizieren, bleibt im Übrigen das dräuende Übel, das die zeitgenössische Demokratie von Innen heraus aufzehrt und daher eine überaus ernste Gefahr darstellt. Zweifellos erscheint die Macht heutzutage als zunehmend flüchtiger, ubiquitärer, netzförmiger, immer stärker auf die Kanäle der Technik und die Flüsse der Ökonomie projiziert, zentrums- und womöglich auch richtungslos. Sie hat kein Gesicht, keinen Namen, keinen Ort. Das Unbehagen derjenigen, die von ihr betroffen sind, ist gerade darin zu suchen, sie nicht mehr verorten zu können; man spürt nur ihre diffuse Präsenz – was die Unsicherheit und den Verdacht weiter anwachsen lässt. Von der Wirkung schließt man auf eine Ursache zurück. Die Skepsis schlägt in die dogmatische Gewissheit um, dass es einen geheimen Ort der Macht geben muss. Damit treten die finsteren Gespenster des Komplotts auf den Plan, suchen die politische Bühne heim und vermehren sich stetig, wenn der König nackt ist, sprich, wenn die Macht, die im Reich der planetarischen Ökonomie herrscht, sich notwendigerweise entblößt.

Irreführend ist jedoch gerade die Frage »Wo ist die Macht?«, der die aktuelle Krise der Politik größtenteils entspringt. Wie Michel Foucault und Claude Lefort in zwei spiegelbildlichen Versionen vorgeschlagen haben, ist der Versuch aussichtlos, eine Macht lokalisieren zu wollen, die bei genauerer Betrachtung überall und nirgends ist, da sie von Mal zu Mal einen anderen Ort bewohnt, an dem sie auf jeweils verschiedene Weisen funktioniert.[13]

Die krampfhafte Suche nach den »geheimen Kräften« manifestiert vielmehr das tiefsitzende Unvermögen, die von einem beständigen Zwiespalt durchzogene und von einer unauflösbaren Unruhe bewegte Demokratie angemessen zu leben. Mit einer berühmt gewordenen Formulierung hat Lefort den revolutionären Zug der Demokratie gerade darin ausgemacht, dass »der Ort der Macht [...] zu einer *Leerstelle*«[14] wird. Fehlen eines Fundaments, Spaltung, Öffnung: Innerhalb der demokratischen Gemeinschaft kann sich das Volk allein im symbolischen Sinne für souverän erklären, niemals aber in einem substanziellen und identitären, was so viel heißt wie, dass es den Ort der Macht nicht besetzen kann und dieser leer zu bleiben hat.

Wer ihn ausfüllen will, strebt es an, den gemeinschaftlichen Körper in sich abzuschließen und jedwede in ein Außen projizierte Alterität zu beseitigen – zum Beispiel in Gestalt eines Fremden, eines Feindes. Dies entspricht etwa der politischen Strategie Donald Trumps, die darauf ausgerichtet war, die Demokratie weiter in Misskredit zu bringen und zu delegitimieren. Das Gespenst des Komplotts läuft dann Gefahr, in eine totalitäre Fantasie zu münden. Zu regieren, indem der Albtraum des Chaos, das Schreckbild des »tiefen Staates« und einer okkulten Weltregierung mobilisiert wird, ist eine ebenso karikatureske wie gefährliche Art und Weise, sich den grassierenden Missmut zunutze zu machen, indem dieser nicht ins Innere, sondern gegen den demokratischen Rahmen selbst gewendet wird.

Ungeduld, Frustration und Ressentiment können – von komplottistischer Literatur entstellt und verschärft – den von Jacques Rancière diagnostizierten »Hass der Demokratie«[15] schüren. Mit seinem systematischen Verweis auf die »starken Mächte«, welche die Souveränität des Volkes beschlagnahmen und ausschließlich für den eigenen Profit regieren, konvergiert der Komplottismus in weiten Teilen mit dem Populismus. In dem einen wie dem anderen Fall wird die fortbestehende Kluft zwischen der Idee der Demokratie und ihrer Verwirklichung einer geheimen Machenschaft zugerechnet.

Die Ursache allen Übels

Wenn die globalen Krisen schärfer werden und die Ereignisse sich überstürzen, wird irgendwer irgendwo dafür verantwortlich gemacht werden müssen. Für das, was dem ersten Anschein nach unerklärlich ist, muss eine Erklärung gefunden werden. Ein Bankencrash, ein Justizskandal, ein politisches Attentat sind auf einen »Schuldigen« zurückzuführen – auf einen Namen, einen Ort, ein Gesicht. Mit seinen »alternativen« Interpretationen wiederholt sich der Komplottismus zugleich und erneuert dabei stets dasselbe kausale Schema. Was geschehen ist, ist die Wirkung einer Ursache, die man aufzudecken hat. Mehr noch: Was geschehen ist, ist das Resultat der Absicht eines individuellen oder kollektiven Subjekts, das einmal mehr für seine eigenen Interessen tätig geworden ist.

Also: Augen auf und Ohren gespitzt, um die Beweise zu ermitteln und die Zeichen zu entziffern, um daraus sodann die alles entscheidende Schlussfolgerung zu ziehen. Der Komplottist schlüpft in den Kittel des Diagnostikers, verortet sich auf halbem Wege zwischen einem Psychoanalytiker und einem Detektiv. Die gesuchte Kausalerklärung scheint vor allem eine Erkenntnislücke zu füllen, das Bedürfnis nach Wissen. Unschwer lassen sich jedoch weitere Zwecke ausmachen. Die Suche nach einer Ursache kommt zudem einer Anklage gleich. Und diese Anschuldigung enthält implizit eine vernichtende moralische Verurteilung. Ein Komplott aufzudecken, heißt jedoch nicht nur, den Schuldigen namhaft zu machen, sondern auch, diesen als politischen Feind zu stigmatisieren und oft auch zu dämonisieren. Die Anzeige kommt bereits offenem Aufbegehren gleich, dem Beginn einer Hexenjagd, wenn nicht gar einem Ruf zu den Waffen oder der Lizenz zur Vernichtung.[16]

Die Bühne wird von okkulten Mächten, unheilvollen Manipulanten, satanischen Gestalten bevölkert, die allesamt Quellen des Bösen und des Übels darstellen. Vor ihnen hat man auf der Hut zu sein, ohne jedoch aufzuhören, ihren hintergründigen Absichten nachzujagen. Um diese unerschöpfliche Suche nach den hinterlistigen und niederträchtigen Agenten zu bezeichnen, denen letztlich alles Übel dieser Welt zuzurechnen ist – etwa den Juden –, prägte Léon Poliakov, der große Historiker des Antisemitismus, seine treffende Formulierung einer »diabolischen Kausalität«. Im Vorwort seines Essays *La causalité diabolique* von 1980 bekennt Poliakov, wie sehr ihn eine erhellende Bemerkung Albert Einsteins beeinflusst hat, der bereits 1927 vor dem Glauben an das Wirken von Dämonen an der Wurzel des Begriffs der Kausalität gewarnt hatte.[17] Zu jener Zeit hatte Einstein gerade das Buch von Lucien Lévy-Bruhl zur primitiven Mentalität gelesen. Poliakov jedoch gelangt, wie er darlegt, bei der Untersuchung der totalitären Phänomene des 20. Jahrhunderts sodann auf eigenen Wegen zu dieser These. Ihre Grundlage bildet die Überzeugung, dass die wirklichen Bewegungen des politischen Lebens von verborgenen, hinter den Kulissen operierenden Ursachen gesteuert werden. Der schlimmste Fall tritt ein, wenn – wie im Fall von Hitler – die Adepten des Komplottismus selbst an die Macht gelangen. In Hitlers Dämonologie wurden die Juden zu den Kräften des Bösen schlechthin, zum eschatologischen Feind.

Aber auch über Poliakov hinaus kann festgestellt werden, dass der Nationalsozialismus der archaischen Leidenschaft für die letzte Ursache entsprach, der Regression auf die kausale Macht eines Anderen, der die Fäden des Chaos und der Zerstörung zieht. Auf dem Grund der Shoah wird so die menschliche Schwierigkeit sichtbar, sich der existenziellen Angst und der politischen Instabilität zu stellen. Und eine solche »polizistische Geschichtsauffassung« hat sich, wie Manès Sperber erkannte, uneingestanden und dennoch umfassend praktiziert auch nach dem Nationalsozialismus, in den mehr oder weniger demokratischen Regierungssystemen erhalten.[18] Damit bleibt die Vorstellung einer möglichen Rettung in Kraft, nachdem die Ursache allen Übels einmal festgestellt (und beseitigt) wurde. Je verheerender und verstörender die Wirkungen, desto mächtiger und furchterregender die Ursachen – die Juden, das Kapital, die CIA, Bill Gates. Das komplottistische Denken wahrt die Proportionen; und funktioniert über die Wiederherstellung einer Art von Erklärungsordnung, indem es die Ereignisse auf die böswilligen Absichten von Subjekten zurückführt, welche die ausgemachten Intrigen im Verborgenen eingefädelt haben.

Es gibt kaum einen Text über die sogenannten »Verschwörungstheorien«, der ohne einen Verweis auf Karl Popper auskäme, der bereits in seinem Buch von 1945 *Die offene Gesellschaft und ihre Feinde* und sodann auch in *Vermutungen und Widerlegungen* den Zusammenhang mit dem Kausalschema hervorhebt. Wer ein umfassendes Komplott annimmt, wird von einer Form von Glauben, oder besser: von Aberglauben motiviert, der ihn nicht nur dazu bewegt, nach den Schuldigen zu suchen, sondern auch zu meinen, dass alles Gewollte auch unmittelbar realisierbar sei. Damit wird der Zufall ausgelöscht und alles Unvorhersehbare eliminiert; als geschähe tatsächlich alles in der planmäßig vorherbestimmten Art und Weise. Daher ist die »Verschwörungstheorie der Gesellschaft« nach Popper mindestens ebenso primitiv wie der Theismus: Nur dass die Götter, die mit ihren Willensabsichten und Launen für die Alten die Geschicke der Sterblichen lenkten, von ominösen Gruppen oder verdächtigen Individuen verdrängt werden, deren dämonischem Eingreifen alle Übel zugeschrieben werden können.[19]

Damit wird ein weitverbreitetes Verständnis des Komplottismus als Reaktion auf die »Entzauberung der Welt« nach dem bekannten Interpretationsmodells Max Webers inauguriert, als Fortbestand magischen Denkens trotz – ja im Gegensatz zu – der stetig zunehmenden Rationalisierung. Kurzum, es handele sich um ein zutiefst antimodernes Phänomen, um eine irrationale Rückkehr in die Vergangenheit derjenigen, die es vorziehen, die Augen zu verschließen und die evidenteren, aber unbequemeren Erklärungen nicht zu akzeptieren. Dieses unwiderrufliche Verdammungsurteil wird später von Umberto Eco wiederaufgenommen und erfolgreich neu lanciert werden.

Wer das Kausalschema bei genauerem Hinsehen jedoch der schärfsten, ein unauslöschliches Zeichen hinterlassenden Kritik unterzogen hat, war Friedrich Nietzsche: »*Wir* sind es, die allein die Ursachen, [...] den Zweck erdichtet haben; und wenn wir diese Zeichen-Welt als ›an sich‹ in die Dinge hineindichten, hineinmischen, so treiben wir es noch einmal, wie wir es immer getrieben haben, nämlich *mythologisch*.«[20] Das drängende Verlangen, den Phänomenen eine Ursache zuzuweisen, verrät ein unbändiges Sicherheitsbedürfnis, die Unfähigkeit, das hinzunehmen, was neu, unbekannt und rätselhaft ist. Deswegen bezeugt es Besorgnis, Furcht und Schwäche. Die Kausalität ist kein theoretisches Schema, sondern ein Trieb. Die Diagnose Nietzsches ist dementsprechend schonungslos: »Der Ursachen-Trieb ist also bedingt und erregt durch das Furchtgefühl.«[21] Die psychologische Notwendigkeit, an eine Ursache zu glauben, liegt in der – menschlich-allzumenschlichen – Unmöglichkeit, sich ein Ereignis ohne Absichten vorzustellen. Daher entspricht es für Nietzsche ein und derselben Geste, dieses auf eine Ursache zurückzuführen und eine Intention zu unterstellen. Alles, was geschieht, ist für uns ein Tun und Handeln, das folglich einen Handelnden voraussetzt, ein Subjekt, das mit einem Willen ausgestattet ist, das heißt mit der Macht, Wirkungen auszulösen. So vermenschlichen wir die Welt nach unserem Bilde und nehmen sodann an, jene Interpretation entspräche einer objektiven Struktur. Wir gestehen uns nicht ein, dass die Wirklichkeit prozessual und die Phänomene komplex sind. Wenn es sich auch nur um unsere erfinderische Vorstellungskraft handelt, wir ziehen es vor, in einer Welt aus Blendwerk und Irrlichtern zu leben, bloß um sie uns erklären – das heißt, das Ungewohnte auf das Gewohnte zurückführen – zu können und uns damit von dem beängstigenden Eindruck der Fremdheit zu befreien. Erkennen bedeutet dann nicht, das Unbekannte zu erkunden, sondern es auf das Bekannte zu reduzieren. Wir wollen überhaupt nicht erkennen, sondern in unserem unbeirrbaren Glauben nicht erschüttert werden, bereits erkannt zu haben und nun zu wissen. Eine x-beliebige Erklärung ist so gesehen dem Ausbleiben von Sinn stets vorzuziehen.

Es handelt sich also nicht einfach um Relikte primitiver Mentalität oder um eine irrationale Ansicht – wie unter anderem Popper behauptet. Das Problem reicht tiefer. Folgt man Nietzsche, so lässt sich sagen, dass die diabolische Kausalität einer metaphysischen Leidenschaft gleichkommt. Man sucht fortwährend nach der Ursache, das heißt, man identifiziert das schuldige Subjekt, das sich hinter den Kulissen verbirgt, jenen unheilvollen Täter, der mit der souveränen Macht ausgestattet ist, einem Schaden zuzufügen, jenen einmaligen und absoluten Feind, der sich in der dunklen Hinterwelt versteckt hält. Im Rahmen der manichäischen Gegensätzlichkeit von Licht und Finsternis, Gut und Böse, welche diese Metaphysik auszeichnet, verkörpert der absolute Feind das geheimnisvolle Übel, das Böse schlechthin. Um sich gegen diesen Widersacher zu verteidigen, ist folglich alles erlaubt. Das Böse kommt von außen – aus dem Anderswo, aus der Hinterwelt, wo sich das Satanische verbirgt, das tragische und verheerende Ereignisse verursacht. So gesehen ist der Komplottismus die verschärfte und unerbittliche Version der metaphysischen Politik.

Mythenhungrig

Dem Imaginären wird für gewöhnlich keine tragende Rolle im politischen Kontext zuerkannt, in dem stattdessen die Kriterien der Vernunft ausschlaggebend sind. Alles, was nicht in die Form einer stringenten Argumentation zu bringen ist und was aus den geheimsten Winkeln der traumähnlichen Weite des Imaginären hervorquillt, bleibt in eine Schattenzone verbannt, die undurchdringlich scheint. Traum, Mythos und Utopie wurden bereits seit Jahrzehnten immer nachhaltiger aus dem öffentlichen Raum vertrieben. Nicht nur der kapitalistische Hyperrealismus, der jedwede Alternative sogleich als totalitär brandmarkt, sondern auch die technische Rationalisierung des Lebens haben dazu ihren Beitrag geleistet.

Wer aber könnte vollkommen überzeugend behaupten, dass der Traum an den Wechselfällen der Politik keinen Anteil hätte? Bereits ein Blick in die jüngere Vergangenheit zeigt hingegen, dass die großen Umbrüche der letzten Jahrhunderte – im Guten wie im Schlechten – von wirkmächtigen kollektiven Vorstellungen begleitet und befördert wurden. Dafür ließen sich etliche Beispiele anführen. Welches Schicksal wäre dem Marxismus beschieden gewesen, wenn er auf ein dialektisch-wissenschaftliches System reduziert und um seinen prophetischen Appell sowie seine messianische Kraft gebracht worden wäre? Gleiches gilt jedoch ebenso für die Millenarismen aller Art, für die Sehnsüchte der Ewiggestrigen, für Personenkulte, für unheilvolle Obsessionen und Komplotte. Im Übrigen treten deutliche Spuren davon auch in der aktuellen politischen Landschaft ans Licht.

In Bezug auf dieses Imaginäre ist es angebracht, den Begriff des »Mythos« ins Spiel zu bringen. Es finden sich divergente Interpretationen und mitunter gegensätzliche Beurteilungen des Mythos: Für die einen handelt es sich um eine Nebelwand, um eine Mystifizierung, welche die Tatsachenwahrheiten verzerrt und den Regeln der Logik zuwiderläuft, während er für die anderen eine Erzählung darstellt, die zwar aus der Vergangenheit stammt, jedoch auch für die Gegenwart und die Zukunft weiterhin explikative Kraft behält. Ausgehend von Nietzsche und Freud ist der Mythos im Laufe des 20. Jahrhunderts wieder zu einem angesagten Thema geworden. Wie auch der Traum unterläuft er jede begriffliche Reduktion und vereint Inhalte unterschiedlicher Epochen in sich. Dabei fällt die zyklische Zeitlichkeit des Mythos ins Auge, der trotz der Zügel der aufklärerischen Vernunft nach jeder scheinbaren Zerstörung kraftvoll wiederaufersteht. Nicht zufällig versteht Carl Gustav Jung ihn als Archetypen des kollektiven Unbewussten, der in den Tiefenschichten der Völker lebendig bleibt wie eine narrative Ummantelung, die – ohne sich je zu erschöpfen – jedweden Riss oder Bruch überdeckt. Von hier aus ist es nur ein kleiner Schritt bis hin zu den aufkommenden Massenideologien.

Die Definition Mircea Eliades dürfte weithin bekannt sein: »Der Mythos erzählt eine heilige Geschichte, d. h. ein primordiales Ereignis, das am Anbeginn der Zeit, *ab initio*, stattgefunden hat.«[22] Abgesehen davon, eine sagenhafte Erzählung zu sein, bietet der Mythos ein interpretatives Raster, birgt einen Vorrat an hermeneutischen Schlüsseln und Registern, die dazu dienen können, das verwirrende und befremdliche Chaos von Ereignissen zu ordnen, in dem die Welt zu versinken scheint. Daher besitzt er eine eigene assoziative Syntax, eine innere Logik, seinen spezifischen Code, in den er seine Botschaft überträgt, auslegt und entschlüsselt, seine eigene labyrinthische Kohärenz, die auch das Versprechen eines roten Fadens darstellt. In diesem Sinne besitzt der Mythos seine eigene absolute Wahrheit, die jeder Widerlegung widersteht.

Man verführe zudem reduzierend, wenn man sein Mobilisierungspotenzial vernachlässigen würde, das sich gerade in den politischen Mythen als einer gegenwärtigen Version der großen heiligen Mythen profiliert. Gerade so fluid und ambivalent, um mit seinem subtilen Raster die neue Wirklichkeit einfangen zu können, entfaltet der politische Mythos eine nicht zu unterschätzende Brisanz. Es war Georges Sorel, der diese explosiven Energien heraufbeschworen hat, indem er den Generalstreik des revolutionären Proletariats als den »*Mythos*, in dem der Sozialismus ganz und gar beschlossen ist«,[23] deutete.

Die aktuellen politischen Mythen sind das, was nach dem Ende der großen Erzählungen im Rahmen des politischen Imaginären übrig bleibt. Deshalb besitzt der Generalstreik gewiss nicht mehr den mythischen Ruf von einst. Gleichwohl sind die noch existierenden Mythen umso resistenter und umfassender. Unter ihnen nimmt der geradezu urzeitliche Mythos des Komplotts einen Sonderplatz ein und überdauert mit einer beispiellosen posthumen Vitalität – was zum weiteren Nachdenken über das gegenwärtige Zeitalter anregen sollte, wenn der Mythos des Komplotts nicht nur auf den okkulten Ort der Macht verweist, sondern auch Anklage erhebt und zur Selbstverteidigung aufruft.

Um zu verstehen, auf welche Weise dieses Imaginäre noch heute Zugriff und Handhabe besitzt, lohnt es sich an eine – wenn auch nicht in allen Belangen klare – Begriffsprägung des Mythenforschers Furio Jesi zu erinnern: die »mythologische Maschine«.[24] Der Mythos ist die heilige Erzählung, welche die primordiale, zwischen Menschen und Göttern klaffende Distanz zu füllen versucht, wie es etwa in der griechischen Welt geschieht, wo jener Abgrund *chàos* genannt wird. Doch die griechische Mythologie ist nicht unauflöslich an das Schicksal der Götter gebunden; sie erhält sich auch dann, wenn die Götter bereits geflohen sind und der »Tod Gottes« verkündet wurde. Auch wer davon nicht restlos überzeugt ist, bleibt dennoch in jener Trauer befangen. Die »mythologische Maschine« funktioniert nach einem Mechanismus, der unterschiedliche mythologische Materialien miteinander vermengt – undurchsichtige Bilder, rätselhafte Kulte, Zauberformeln, arkane Symbole, okkulte Rituale –, indem er Vergangenheit und Gegenwart, Mythos und Geschichte kurzschließt. Sie entspricht einer Mystifizierung, und zwar nicht etwa, weil sie unterschiedliche Zeitalter und Kulturen miteinander in Verbindung bringt, sondern weil sie eine homogene Anschauung der geschichtlichen Zeit liefert und vor allem auf eine geheime Quelle jenseits der Geschichte anspielt, auf eine ewige Gegenwart des Mythos.

Um dies noch expliziter zu machen, könnte man von einem archaischen Grund, von einem »archischen« Fundament sprechen. Die mythologische Maschine verfährt nämlich selbstbegründend in dem Sinne, dass sie den eigenen Ursprung aus sich und über sich hinaus verlegt, in jene weit zurückliegende Quelle, die für gewöhnlich unerreichbar bleibt. Daher versammelt die Maschine wie in einem Geschäft für Altwaren, Trödel und Ramsch mythologische

Materialien und versucht, ihnen wahllos um sich greifend neues Leben einzuhauchen. Das Rezept besteht darin, jene angenehm leblosen und trägen Materialien wieder mit der Farbe des Lebens zu durchbluten, um sie dabei leicht verdaulich zu machen – zum Beispiel Hakenkreuze, Runensymbole, Rutenbündel. Das Ergebnis ist düster-dumpfer Kitsch. Wer ihn konsumiert, verspürt den seichten Rausch, mit jener sich andernfalls versagenden mythischen Quelle in Berührung zu kommen. So wird einstweilen ein Mythenhunger gestillt, der jedoch auf Dauer stets unbefriedigt bleiben muss. Darauf bezieht sich Theodore Ziolkowski, wenn er der augenfälligen Tendenz zu einer regelrechten »Gastronomie der Seele« im Deutschland der 1920er Jahre nachgeht, die von der mythologischen Maschine zugleich vorausgesetzt wie in ihrem Getriebe geschürt wird.[25]

Diejenigen, die aus Mangel an Originalen mythenhungrig bleiben, geben sich mit mythologischem Fastfood zufrieden, mit jener Ausschussware, die keineswegs harmlos ist, sondern buchstäblich tödlich wirkt, insofern als sie Morddrohungen zu ihren Zutaten zählt. Dieses morphologische Skelett, dieses Gespinst aus Stereotypen, Phrasen, Symbolen und Ritualen findet noch immer zynische politische Verwertung zur Aufrechterhaltung der Ordnung.

Kann man dabei aber allein von einer »Kultur von rechts« sprechen? Offensichtlich nicht. Angemessener wäre es, die mythologische Maschine in einer breiteren nostalgischen und ewiggestrigen Kultur zu verorten, die zutiefst reaktionär ist, da sie nicht nur auf Unbekanntes in der Gegenwart reagiert, sondern ebenso auf den Mangel an interpretativen Mitteln, die dabei helfen, die Welt zu lesen. Unfähig dazu, neue Koordinaten zu entwerfen, begnügt sich diese Kultur mit alter, tausendfach wiedergekäuter Nahrung. Das kann ebenso gut für die Linke gelten.

Der Mythos des Komplotts, der derart durchdringend fortlebt, ist demnach nicht eigentlich ein Mythos, sondern das Produkt der mythologischen Maschine oder besser: des mythologischen Dispositivs. Das über die Welt gestülpte und diese einhüllende Netz besitzt nicht nur die metallische Keimfreiheit der Technik, sondern lebt auch dank des toten Fleisches der Mythologie weiter fort. Es ist genau diese Alchemie, die seinen tödlichen Ernst ausmacht.

Der Friedhof von Prag: Die Urszene des Komplotts

Irgendwo muss es einen Ort geben, an dem sich diejenigen versammeln, die die Fäden ziehen und die Ränke des Komplotts schmieden. Der diffizile und gefahrenvolle Zugang zu dieser Stätte kommt einem initiatorischen Übergang gleich, einem Abstieg in die Finsternis, dem Eindringen in die Unterwelten der Macht. Die Schwelle trennt auf metaphysische Weise Gut von Böse, Licht von Dunkel, Freiheit von Despotismus, Gerechtigkeit von Willkür, Transparenz von Mysterium, Leben von Tod. Als eine umgedrehte Pyramide entworfen, repräsentiert das Bild des Komplotts auf die vielleicht schärfste und anschaulichste Weise den Gegensatz zur universalen Ordnung.

Ob es sich nun um eine verborgene Kammer, eine Loge, eine Krypta oder gar einen Friedhof handelt – der von einer unscheinbaren Fassade oder von einem verwachsenen Eingang geschützte Ort des Komplotts ist das blutleere Herz eines mächtigen Getriebes, der düstere Sitz der Herrschaft, die gespenstische *arché* des Dispositivs. Die politische Architektur wiederholt und erneuert sich in der überlieferten Symbolik: Fern und doch nah, peripherisch und dennoch zentral, entspricht jener unergründliche Platz im

Inneren der Gemeinschaft dem Ort der souveränen Ausnahme. Dort entzieht man sich dem Gesetz, ja sogar auch allen Regeln der Normalität. Die Adepten des Komplotts, aus einem Anderswo eindringende Fremde, die über einen geheimen Code verfügen und maliziöse Bräuche pflegen, stillen nur ihr ureigenes Verlangen und gehorchen allein ihren Imperativen. Sie bevorzugen die Nacht, wenn sich die Schatten verdichten und Anonymität bieten, während das Licht jedweder Vertrautheit erlischt. Kalt und finster, in dunkle Gewänder oder weiße Totenhemden gehüllt, handelt es sich um beunruhigende Gespenster, die aus den Katakomben aufsteigen, um sich zu Wächtern und Richtern aufzuschwingen, dazu befähigt, Automaten zu beseelen und Lebenssäfte auszutrocknen.

Die Urszene des Komplotts, in der noch die letzten Fäden der Intrige zusammenlaufen, trägt charakteristische Züge. Die reichhaltige Ikonografie und die außerordentliche narrative Vielfalt folgen ein und derselben Partitur – auf dem Grund des Komplotts verbirgt sich stets dasselbe Handlungsgewebe. Aus der schier unüberschaubaren Literatur erscheinen drei Erzählungen besonders einschlägig, und zwar nicht nur aufgrund ihrer strukturellen Ähnlichkeiten, ihres reißerischen Stils und des paradigmatischen Bildrepertoires, sondern auch wegen ihrer mythologischen Bedeutung, die sie im politischen Imaginären erlangt haben. Es handelt sich um die Erzählungen dreier Komplotte: des jüdischen, des jesuitischen und des freimaurerischen. Aus ihrem Vergleich geht ein Schema hervor, das zu ständiger Wiederholung und Variation bestimmt ist. Während sich jedoch das jesuitische Seitenthema mit der Zeit erschöpfen wird, überlagern sich die anderen beiden zunehmend, um schließlich im Archetyp aller Komplotte zu verschmelzen: dem »jüdisch-freimaurerischen«.

Die erste Erzählung stammt aus der Feder Hermann O. F. Goedsches, eines ehemaligen preußischen Postsekretärs, der 1868 unter dem Pseudonym Sir John Retcliffe den doch sehr mittelmäßigen Roman *Biarritz* veröffentlichte, in dem sich ein Kapitel findet, das mit »Die Rede des Rabbiners« überschrieben ist. Die fantastische Erzählung wurde schon bald darauf als ein gefälschtes Dokument entlarvt. Es handelte sich jedoch noch nicht um die *Protokolle der Weisen von Zion*, für die dennoch fortan ein literarisches Modell bereitstand. Gerade dank dieses Komplotts, einer verwickelten Polizeiintrige, wurde nur wenige Jahre später der Mythos der jüdischen Weltverschwörung geschaffen. Dieser Mythos kennt jedoch weder einen Anfang, insofern als kein Original existiert, noch ein Ende, da er – obwohl er die Vernichtung angestoßen und eng begleitet hat – noch immer den Hebel einer fortwährenden antisemitischen Mobilisierung bildet.[26]

Im alten Prager Ghetto, in dem die Juden jahrhundertelang völlig abgeschieden lebten, umschließt ein seltsamer Ring aus verfallenen, aneinander geschmiegten Häusern wie zum Schutze eine hohe, verwitterte und stellenweise bröckelnde Mauer. Wilde Sträucher und Holunderbüsche könnten einen trügerischen Eindruck erwecken. Hinter diesem Mauerring weht kein Hauch von melancholischem Frieden, wie es sich für eine Ruhestätte gehört, sondern der Geist eines Volkes, das nach Leiden, Kampf und Verfolgung zur ewigen Wanderschaft verdammt auch dort keinen Frieden gefunden hat. Es ist, als ob sich die Gräber, die sich aufgrund von Platzmangel Schicht um Schicht verworren aufeinandertürmen, vom Wind gebeugt und mit Gestrüpp bedeckt, plötzlich öffneten und sich die Sandsteinplatten aus den tiefsten Schichten erhöben. Der älteste bekannte jüdische Friedhof, die Stadt der Toten, wird

»Haus des Lebens« genannt, so als könnte von dort ein geheimnisvoller Impuls ausgehen, der das Schicksal wendet und die vormals Exilierten zu den neuen Herren der Welt macht. Die zukünftige weltumspannende Souveränität läge in den dunklen Tiefen dieser Grabeswüste verborgen. Unter den Grabsteinen ragt der von Rabbi Löw hervor, dem Maharal von Prag, dem großen Kabbalisten, der den Tod besiegte, indem er dem Golem, jener Maschine aus Lehm, die das jüdische Volk zu rächen weiß, auf magische Weise Leben einhauchte.

Es ist bereits Nacht, als sich zwei Männer begegnen: Der eine, groß und von unverkennbar germanischem Typus, wirkt vergeistigt und willensstark; und auch der andere verrät seine Herkunft durch seine Blässe und die eigentümlichen spitzen Züge seines Gesichts. Es handelt sich um einen jungen Gelehrten aus Berlin, der alte Sprachen entziffern und sogar das Chaldäische verstehen kann, und um einen italienischen Juden, der sich ein wenig Taufwasser auf die Stirn hat gießen lassen, um einen Marranen also, dessen Name Lasali an den des berühmten Sozialisten erinnert. Sie sind miteinander durch einen Pakt verbunden, der drei Jahre zuvor in den Katakomben von Rom geschlossen wurde, als der italienische Jude, der mit seiner Gelehrsamkeit und seinem Wissen prahlte, dem anderen als Zeichen der Dankbarkeit für seine Rettung aus großer Gefahr versprach, ihm die Geheimnisse der Kabbala, der jüdischen Mystik zu enthüllen, des Schlüssels zu jedwedem Komplott gegen die gesamte übrige Welt. Im Bewusstsein der lauernden tödlichen Gefahren wagen sich die beiden in die verwinkelten Gassen des Prager Ghettos vor und gelangen über einen engen Durchgang auf den Friedhof, wo sie in einer finsteren Ecke kauernd mit angehaltenem Atem warten.

Um elf Uhr, als gerade die letzten Schläge der Turmuhr verklungen sind, öffnet sich knarrend die Eingangspforte. Undeutliche Schatten, in lange weiße Gewänder gehüllt, gleiten durch die kühle Nacht. Einer nach dem anderen knien sie vor einem Grabstein nieder, berühren ihn dreimal mit der Stirn und murmeln ein Gebet. Die Szene wiederholt sich von Mal zu Mal für alle Vertreter der zwölf Stämme Israels. Es ist Mitternacht, als die dreizehnte Figur, die den Stamm der Verstoßenen und Exilierten repräsentiert, ihren Platz neben den anderen einnimmt. Es ist dies der Sanhedrin, bei dem sich nach einem zweitausendjährigen Brauch alle hundert Jahre die Stämme um das Grab des Meisters Kaleb, des großen Rabbi Simeon ben-Jehuda versammeln, um den Plan zur Eroberung der Welt abzustimmen. Ein metallener Klang ertönt aus dem Steinhaufen und eine bläuliche Flamme wirft einen fahlen Schein auf die Versammelten. »Achtzehn Jahrhunderte haben unseren Feinden gehört, das jetzige und die kommenden Jahrhunderte gehören uns«, verkündet der Rabbiner in der Nacht des Prager Friedhofs.

Aaron, das Oberhaupt der Leviten, führt den Vorsitz. Für jeden Stamm erklingt der Name einer europäischen Metropole – Paris, London, Wien, Amsterdam –, das Zeichen der vom allgemeinen Fortschritt begünstigten jüdischen Macht. Ein jeder stellt die Bilanz der letzten Jahre vor und schlägt weitere Machenschaften vor: Börsenhandel, Verschuldung der Nationen, Erwerb von Grundbesitz, Verwandlung der Handwerker in Arbeiter, Zerschlagung der Kirchen, Schwächung der Armeen, Stärkung der Revolution, Handelsmonopole, Besetzung der Staatsämter, Erlangung kultureller Hegemonie, Mischehen, Untergrabung der Moral. Schließlich ergreift Manasse das Wort, um kundzutun, dass all dies sinnlos wäre ohne die Presse, die Unrecht in Recht, Schmach in Ehre verkehren, die Familien trennen und Throne erschüttern kann. Abschließend erinnert Aaron daran, dass »dem Volk Abrahams, das über die gesamte Erde verstreut ist, die ganze Erde gehören wird«. Die Zeiten waren noch nie so nah. Denn Gold bedeutet Weltherrschaft: Darin liegt das Geheimnis der Kabbala. Im tausendjährigen Kampf Israels wird das neue Jahrhundert dank aller erdenklichen Katastrophen endlich die Zeit der Weltherrschaft sein. Ein letztes Aufflackern der bläulichen Flamme durchdringt die düstere Nacht. Damit endet die Versammlung. Doch keiner der Teilnehmer hatte über den Reden die Anwesenheit der beiden Männer – des gelehrten Deutschen und des konvertierten italienischen Juden – bemerkt, die schließlich im Geheimen schwören, ihre ganze Kraft dem Kampf gegen jenes teuflische jüdische Komplott zu widmen.[27]

Die zweite Erzählung ist dem Roman *Der ewige Jude* von Eugène Sue entnommen, der – am Vorabend des Jahres 1848 in Fortsetzungen veröffentlicht – sich in die vorherrschende Strömung antiklerikaler Polemik einschreibt. Die hier angeprangerte okkulte Macht ist die der Gesellschaft Jesu, die in der Lage ist, die Entscheidungen von Regierungen zu beeinflussen, über die Güter von Millionen von Menschen zu verfügen und so den Lauf der Geschichte zu lenken.

Es ist ein grauer Oktobermorgen im Jahr 1831. Am Ende einer einsamen Pariser Straße lässt sich gerade so eben ein äußerlich bescheidener Wohnsitz ausmachen. Ein gewölbtes Portal und zwei durch dicke Eisengitter geschützte Fenster sind in die triste Fassade eingekeilt. Der Innenraum ist in Stille gehüllt. An den Wänden der großen Halle im Erdgeschoss verläuft eine graue Holzvertäfelung; der rote Fliesenboden ist sorgfältig gebohnert. Weiße Kattunvorhänge drapieren die Fenster. An einem Ende des Raumes, direkt vor dem Kamin, steht eine Kugel von etwa vier Fuß Durchmesser, die auf einem Sockel aus massivem Eichenholz steht. Auf diesem großen Globus findet sich eine Vielzahl von kleinen roten Kreuzen verstreut: von Norden nach Süden, von Osten nach Westen, von den barbarischsten Ländern und den entlegensten Inseln bis hin zu den zivilisiertesten Nationen, sogar bis nach Frankreich – es gibt keine Gegend, deren Orte nicht durch diese kleinen Kreuze gekennzeichnet wären, die offenbar als Zeichen der Kontrolle dienen. Vor einem schwarzen Tisch voller Papiere hantiert Monsieur Rodin, ein Mann in fortgeschrittenem Alter, in einen abgewetzten graugrünen Gehrock gekleidet; sein hageres Gesicht, sein spitzes Kinn, sein blutleerer Teint lassen an eine fahle Maske denken, deren Anblick umso befremdlicher wirkt, als er durch deren totengleiche Unbeweglichkeit beinahe wie ein Leichnam aussieht. Mithilfe eines Chiffreschlüssels erstellt er kodierte Nachrichten. Alles in diesem bleiernen Raum besitzt einen unheilvollen Charakter. Dumpf ertönt daraufhin der Türklopfer. Der Neuankömmling ist ein etwa fünfunddreißigjähriger Mann mit hochmütigem Blick und autoritärer Haltung; seine Gesten verraten Energie und Kühnheit. Doch hinter der Verführungskraft, die er ausstrahlt, verbirgt sich nur notdürftig die Schlinge des Hinterhalts. Sein Sekretär Rodin ist ihm zutiefst untergeben. Lakonisch und ungerührt wedelt er mit einem umfangreichen Bündel von Nachrichten aus allen Teilen der Welt. Und während sein Sekretär schreibt, bewegt sich der Meister kreuz und quer durch den Raum, bis er mit einem Aufflackern von Stolz das riesige Netz roter Kreuze auf dem Globus betrachtet und gebieterisch seine kräftige Hand ausstreckt, die die Gewissheit der Herrschaft verrät.

Der Protagonist der dritten Erzählung ist Cagliostro, dessen abenteuerliches Leben die Inspiration für Alexandre Dumas' Roman *Joseph Balsamo* abgab, der zwischen 1846 und 1849 in Fortsetzungen veröffentlicht wurde. Der Autor greift darin in literarischer Weise die von Augustin Barruel aufgestellte und damals bereits erfolgreich verbreitete These auf, wonach ein Komplott als Ursprung des revolutionären Sturms angenommen wird.

Der Abend wirft seine Schatten über die Bergmassive des linken Rheinufers. Ein gewundener Pfad steigt den dunklen Hang hinan und verliert sich sodann hinter dichten Tannen, als würde er eine undurchdringliche Mauer überqueren. Die düstere Landschaft lässt einen erschauern. Es ist der 6. Mai 1770. Während die Sonne untergeht, dringt ein Reisender in das Dickicht des Waldes vor. Nachdem er sein Pferd zurückgelassen hat, macht er sich auf den Weg in das finstre Innere. Nur der geheimnisvolle Schein einer Lampe gibt ihm etwas Orientierung. Als er eine Burgruine erreicht, entdeckt er, dass das Licht von einer geisterhaften Gestalt ausgeht, einem Phantom, das ihn auf der Schwelle eines kreisrunden, schwarz ausgekleideten Raumes einlädt einzutreten. Die Gräber öffnen sich und eine Vielzahl maskierter Männer nimmt auf den Stufen der Halle Platz. Der Reisende – ein Fremder, ein Italiener, vielleicht Sizilianer – scheint nicht eingeschüchtert oder verängstigt zu sein und unterzieht sich bereitwillig den grausamen Prüfungen. Er verspürt keine Furcht, denn sie wissen nicht, wer er ist, während er bereits all ihre Geheimnisse kennt. Plötzlich tut er kund: »ego sum qui sum«. Er ist derjenige, auf den sie gewartet haben, dazu bestimmt, das heilsame Feuer zu entfachen, das die Welt erhellen wird. Die Fackel muss an Frankreich, die Vorhut der Nationen weitergegeben werden. Ein ängstlicher König, ein korrupter Thron – wenn dieser Schlussstein erst entfernt sein wird, stürzt das gesamte monarchische Gebäude in sich zusammen und die Souveräne Europas versinken verdientermaßen im Abgrund. So wird sich das Ende der alten Ordnung und der Anbruch des Reiches der Freiheit und Gleichheit beschleunigen. Um ihn herum applaudieren die Männer der unterirdischen Krypten, Vertreter der gesamten westlichen Welt, diesem systematischen Umsturzplan. Philosophen, Ökonomen und Ideologen werden die Gedanken, die sie bis dahin nur im Verborgenen zu raunen pflegten, lauthals hinausschreien und sie überall im vollen Tageslichte verbreiten. Keine Ungleichheit mehr, nie mehr Kasten. Die Fäden der Intrige verschlingen sich, und jeder der Beteiligten übernimmt die ihm zugewiesene Rolle, bis dass die vorgesehene Verkettung der Ereignisse die Französische Revolution zum Ausbruch bringt.

Wie mitunter auch die Geschichte von Cagliostro zeigt, kommt das Komplott stets von anderswo. Das Fremde dringt in das eigene Innere vor. Handlanger okkulter Kräfte, Vertreter rivalisierender Mächte – die Adepten des Komplotts sind allesamt Fremdlinge, die in der Nacht umherirren, Nomaden, die um Behausungen rechtschaffener Bürger herumschleichen, namenlose Vagabunden, die in gedeihende Landschaften vorstoßen, um Elend und Ruin zu säen, Ausländer, die Krankheiten einschleppen, Juden, die seit Jahrhunderten kontaminieren und Unruhe stiften. Das Gespenst des Komplotts sucht die Stadt heim und stört ihren Schlaf, darin dem Gespenst der Revolte äußerst ähnlich. Es ist die Angst, den Manipulationen eines obskuren Strippenziehers in die Hände zu fallen, dessen Pläne und Motive unbekannt bleiben. Mitten in der Stadt, in einem finsteren Verschlag, einem unterirdischen Labyrinth, in einem Brunnenschacht ohne Grund nistet sich das Königreich des Komplotts ein, jenes Netzwerk von Bosheit und Niedertracht, das die ganze Welt zu unterjochen und zu beherrschen droht.

In der umfangreichen Literatur zum Komplott wird der Name Leo Löwenthal zumeist mit Stillschweigen übergangen. Das genaue Gegenteil trifft indes für Richard Hofstadter zu, der damit bekannt geworden ist und nahezu überall dafür erinnert wird, den Themenkomplex der Paranoia explizit in die Politik eingeführt zu haben. Dieser äußerst unterschiedliche Erfolg hat tiefreichende Gründe.

Inzwischen auch im allgemeinen Sprachgebrauch eingebürgert, läuft der Terminus »Paranoia« letztlich darauf hinaus, diejenigen zu stigmatisieren, die vermeintlich unter einem komplottistischen Delirium leiden. Wer aber kann sich hier ein Urteil erlauben? Wem steht es zu, im politischen Bereich zwischen Rationalem und Irrationalem, zwischen Norm und Pathologie zu unterscheiden? Hofstadter spricht von einem »paranoiden Stil«, um einen an den jeweiligen »Extremen« – sei es in der extremen Rechten, sei es in der extremen Linken – angesiedelten »Fanatismus« zu kennzeichnen.[28] Eine solche Art und Weise, die gegensätzlichen Pole innerhalb des politischen Raumes zu betrachten, reicht zumindest bis in die Fünfzigerjahre zurück, als Hofstadter begann, an seinem Essay *Der paranoide Stil in der amerikanischen Politik* zu arbeiten, der schließlich 1964 veröffentlicht wurde. Wir befinden uns also in der McCarthy-Ära, in der sich die Notwendigkeit aufdrängt darzulegen, dass die beiden scheinbar gegensätzlichen Ideologien des Nationalsozialismus und des Kommunismus aus ein und derselben »politischen Psychologie« hervorgehen und dieselben Schemata mit analogen Resultaten reproduzieren. Wie das Etikett des »Totalitarismus« stellt auch dasjenige des »paranoiden Stils« eine Schranke dar, über die man sich nicht hinauswagen darf, und errichtet ein

Verbot, das bereits im Voraus jedwede Alternative diskreditiert. Zusammen mit anderen amerikanischen Intellektuellen – sowohl *liberals* wie Liberalen – leistet Hofstadter seinen Beitrag zu jenem Begriffsarsenal, das dazu dient, einen vermeintlich fortschrittlichen, pluralistischen und toleranten Liberalismus zu erneuern und zu unterfüttern, der die »gesunde« Nation vor den irrationalen Tendenzen der beiden, mit einer einzigen Geste zwangsweise miteinander verschränkten Extremismen schützen soll.

Ganz anders ist der Ansatz von Löwenthal ausgerichtet, dessen Analysen Hofstadter im Übrigen mehr als nur eine Idee entnommen hat. Mit der Hilfe von Norbert Guterman auf Englisch verfasst und sodann auch auf Deutsch erschienen, eröffnete die Studie *Falsche Propheten* von 1949 die von den Vertretern der Frankfurter Schule herausgegebene Reihe »Studies in Prejudice«.[29] In diesem Umfeld entstanden auch die von Max Horkheimer und Theodor W. Adorno angeleiteten Untersuchungen, die sodann im Band *The Authoritarian Personality* von 1950 publiziert wurden.[30] Die aus dem Dritten Reich geflüchteten deutschen Juden nahmen von anderen übergangene besorgniserregende Signale wahr und erlebten im amerikanischen Exil ein beunruhigendes Déjà-vu in Form eines ausgeprägten Ressentiments, das in jedem Augenblick zu explodieren drohte.

Löwenthals Aufmerksamkeit richtet sich auf die Figur des wortführenden Agitators, der mit seinen ausgeklügelten rhetorischen Techniken dazu in der Lage ist, sein Publikum zu manipulieren und es um den Finger zu wickeln, indem er es glauben macht, zum Opfer unheilvoller okkulter Kräfte geworden zu sein. Ausländer, Einwanderer, Kommunisten, Verräter und natürlich Juden: Dies sind die Feinde Amerikas, die sich wie Parasiten heimlich im Inneren der Nation einnisten, um Krankheit und Zerstörung über sie zu bringen. Sie sind es, die die Fäden eines hinterlistig geschmiedeten Komplotts in den Händen halten.

Die Beschwerdeliste ist lang und reicht von allgemeiner Unzufriedenheit bis zu wirtschaftlichen Schwierigkeiten, von enttäuschten Erwartungen bis zu existenziellen Niederlagen. Im Gewand desjenigen, der den Wandel heraufbeschwört, potenziert und verschärft der Agitator die Gefühle von verletztem Stolz, Erniedrigung und unterdrücktem Zorn, indem er diese nach außen umleitet. Nach so vielen Opfern und leeren Versprechungen von Entschädigung ist die Unzufriedenheit gewaltig: Allzu zahlreich sind die Träume, die nicht verwirklicht wurden. In so einer Situation könnte man die Misserfolge und Fehlschläge eigenen Irrtümern zuschreiben, den unzureichend vergoltenen Hoffnungen, einer offensichtlichen Unzulänglichkeit. Manche suchen Trost in der Religion, andere hingegen verschreiben sich dem Zynismus. Wenn aber all dies nicht geschieht, dann wird die Wut der Enttäuschung unaufhaltsam. Der Agitator bricht mit dem vom Optimismus diktierten Tabu – *everything is ok!* – und gesteht sich und den anderen endlich ein, dass die Dinge nicht gut laufen. Ohne jede Beschönigung nennt er seine Anhänger »Verlierer« – Verlierer, genau wie er selbst, der selbst einer von ihnen ist und in den sie daher ihr Vertrauen setzen dürfen. Denn er ist wenigstens ehrlich. Und sagt endlich einmal, was die anderen nicht sagen, nämlich, dass alles eine große Täuschung ist. Sie alle sind betrogen und hintergangen worden, oder vielmehr, sie haben sich betrügen lassen. Aus Arglosigkeit, Unbedarftheit und Leichtgläubigkeit haben sie einen schweren Fehler begangen. Jetzt aber ist es Zeit aufzuwachen. Jene intellektuelle Unterlegenheit, jene Unzulänglichkeiten und Grenzen, die sie derart gehemmt haben, können nun offen eingestanden, ja sogar demonstrativ zur Schau getragen werden. Von einer ungekannten Aura umgeben, wird die Erniedrigung zum Kennzeichen dieser neuen Auserwählten.

Der Zustand der Betrogenen und Hintergangenen ist dauerhaft und hoffnungslos. Es gibt nichts, was die vermeintlichen Opfer tun könnten, um diesen verändern zu können, außer vielleicht, das von einem unmoralischen und skrupellosen Feind angezettelte Komplott zu entlarven. Natürlich, es handelt sich um einen Feind, den man nicht sieht – nur aber, weil er sich vorsätzlich verbirgt und im Verborgenen seine obskuren Ziele verfolgt. Was man allerdings registrieren kann, das sind die Auswirkungen. Und dies muss einstweilen genügen.

Im Einklang mit den Ideen der Frankfurter Schule und insbesondere mit einer Gesellschaftskritik, die auf psychoanalytische oder psychiatrische Kategorien zurückgreift, zögert auch Löwenthal nicht, von »Paranoia« zu sprechen. Ja, er ist sogar der Erste, der diesen Zusammenhang betont. Aber gleichzeitig unterläuft er die Gefahr – der hingegen Hofstadter unterliegt –, abweichende politische Meinungen und Verhaltensweisen im selben Atemzug zu stigmatisieren. Im Gegenteil, die vielfältigen Verdachtsmomente sind nicht völlig unberechtigt. Wenn es eine mächtige Tendenz gibt, sich als Spielball einer bedrohlichen Macht zu empfinden, dann deshalb, weil die Welt immer mehr in den Händen anonymer Kräfte zu liegen scheint, während sich der individuelle Handlungsspielraum verengt. Zu versuchen, diese Entwicklung zu erfassen, bedeutet nicht automatisch, paranoid zu sein. Die Grenzen sind hier fließend.

Der vage Verdacht kann ein willkommener Ausgangspunkt sein, um die wirtschaftliche und politische Situation einer genaueren Analyse zu unterziehen. Der Agitator schlägt jedoch die entgegengesetzte Richtung ein: Er macht aus dem Verdacht eine Gewissheit und aus einem unbestimmten Gefühl eine abgeschlossene Untersuchung. Das Komplott wird so zu einem Ablenkungsmanöver, das eine Untersuchung der Wirklichkeit verhindert. Die Welt ist nicht eigentlich komplex – sie wird vielmehr nur von einer vorsätzlichen Machenschaft, einem konzertierten Sabotageakt verkompliziert. Das Komplott nimmt dabei gigantische, fantastische, ja kosmische Dimensionen an. Es verbreitet sich im Raum, dehnt sich in der Zeit aus und wird gleichsam unvordenklich. Immer schon agieren okkulte Kräfte, um Verwüstung anzurichten; sie besitzen jedoch die Fähigkeit, in stets neue Masken zu schlüpfen. Indem er mit dem Verweis auf eine mythische Quelle den komplottistischen Rausch befördert, tut der Agitator nichts anderes, als von Mal zu Mal die Enthüllung des Geheimnisses zu versprechen. Dieser Wortführer der Täuschung ist zugleich ein falscher Prophet, ein grotesker und gefährlicher Seher, der allerorten Betrug und Ränke wittert, sowie auch das Sprachrohr, das dem Komplott eine Stimme verleiht und eine stille Furcht, eine apokalyptische Angst verstärkt.

Souveränes Ressentiment

Alles eigene Versagen, die ganzen Misserfolge, die vielen Verluste sind nichts als abartige Auswirkungen, die von anderen verursacht wurden: von den Privilegierten, den Herrschenden, den Usurpatoren. Sie sind es, die hinterrücks Komplotte schmieden, die ihre verhüllten Interessen als absolute Wahrheiten ausgeben und aus jenem gewaltigen Missbrauch auch noch Profit schlagen. So legt der entrüstete Gekränkte sich die Dinge zurecht. Auf diese Weise findet er ein Alibi, um die eigene Ohnmacht zu sublimieren, erklügelt einen Weg, um Niedertracht zu Überlegenheit zu erhöhen, Mittelmäßigkeit in Vortrefflichkeit umzuwandeln und Verschulden in Verdienst. Diese Umkehrung wird bereits von Nietzsche in der *Genealogie der Moral* entlarvt.[31]

Im gegenwärtigen Szenarium hat das Ressentiment eine beispiellose politische Rolle und existenzielle Dimension erlangt. Zusammenbruch der Utopien, Auflösung der großen Erzählungen, Schwierigkeiten, den Weltlauf zu lesen, globale Krise der progressiven Visionen und der Emanzipationsentwürfe, Fehlen einer politischen Sprache, die dem Leiden des Einzelnen eine gemeinsame Hoffnung entgegensetzen könnte: All dies trägt zu einem diffusen Ressentiment bei, das zu einer weitverbreiteten Lebensform geworden ist. Ein jeder ist der eigenen Desillusion, einer hoffnungslosen Verlassenheit ausgeliefert. In das zerrissene Gewebe jener Fäden, die zuvor noch eine Perspektive der Befreiung zusammenhielten, dringen die kleinen intimen Geschichtchen ein, narzisstische Erzählungen, zornige Grübeleien, die Chroniken der Herde. Im Rahmen des geteilten Unbehagens und des allgegenwärtigen Unwohlseins entspringt das Ressentiment nicht so sehr aus der Feststellung der Ungerechtigkeiten und Kränkungen, als vielmehr aus der Unfähigkeit, diese zu überschreiten, indem ein gemeinsames Ideal von Gerechtigkeit anvisiert wird. Für einen jeden ist die eigene Ohnmacht mit Händen zu greifen. Dabei wird es unerlässlich, nach einem Anästhetikum zu suchen, um Kummer und Angst entgegenzutreten. Man kann demnach sagen, dass das Ressentiment sich genau dort durchsetzt, wo das Prinzip Hoffnung schwindet.

Gerade die apriorische Liquidierung jedweder Alternative, die sogleich dem Abdriften ins Totalitäre oder als trügerische Illusion disqualifiziert wird, öffnet einer phantasmatischen Kompensation Tür und Tor, die verspricht, mit einem Schwung des Zauberstabs die Herrschenden beherrschen zu können. In dieser Hinsicht gleicht das Ressentiment einer unterdrückten Revolte. Es handelt sich nämlich um einen seinerseits entfremdeten Versuch, die Entfremdung zu überwinden, um eine Abkürzung zur Umkehrung der Kräfteverhältnisse. Der Funke der Revolte entzündet sich und verlischt im selben Augenblick wieder. Das flüchtige Bewusstsein des Widerstands weicht der Berechnung des unmittelbaren Nutzens. Der Gekränkte akzeptiert so schließlich die Welt, die er zu exorzieren trachtete, er fügt sich in das verhasste System und erniedrigt sich, indem er jenen etablierten Werten, die er stürmisch umzukehren verlangte, seine mehr schlecht als recht verhohlene Ehre erweist. Die letzte Metamorphose ist der Übergang von unversöhnlicher Feindseligkeit zu bitterer Resignation oder aber zu unbekümmerter Fügsamkeit. Daher ist die Partei der Gekränkten aufgrund wiederholter Abtrünnigkeit und eigennütziger Berechnung dazu bestimmt, fortlaufend zu erodieren und sich weiter aufzuspalten.

Die zunehmende gesellschaftliche Entpolitisierung hat das Ressentiment, das bei genauerem Hinsehen bereits seit Jahrzehnten eine stützende Komponente unterschiedlicher Ideologien bildet, paradoxerweise nur noch politischer werden lassen. Um dessen Gebrauch unterscheiden zu können, genügt es indes, die jeweiligen Modalitäten und Wirkungen ins Auge zu fassen. Anstatt mühsam nach einem Ausweg aus der qualvollen und frustrierenden Situation zu suchen, in der er sich gefangen sieht, zieht der Gekränkte eine Ausflucht vor: eine ausgeklügelte Umkehrung seines Selbstbildes, seines Bildes von anderen sowie seines Weltverhältnisses. Wie durch ein Wundermittel gelingt es ihm so, sich selbst anders zu sehen, das heißt, anders als er ist und als die anderen ihn sehen. Zugleich lässt sein puritanischer Groll der identitären Leidenschaft freien Lauf, der Phobie vor dem anderen und der Verweigerung des Werdens und Sichveränderns. Die umfassendste politisch-existenzielle Forderung des Ressentiments ist das Recht, in der jeweils eigenen Essenz zu verharren. Was so viel bedeutet wie: ohne sich dem Außen gegenüber öffnen zu müssen und ohne die Qual, sich ihm aussetzen und anpassen zu müssen. Da erscheint es viel einfacher, die sich in der Welt abzeichnenden Umbrüche zu leugnen, ja sogar die Welt selbst zurückzuweisen.

Die empörte Gegenklage, die einzig übrig bleibende Form des Kontakts mit dem Außen, führt in einen Rückzug auf das Ego und die eigene Ethnie. Separatismus, Forderungen nach Sezession, Isolationismus, das Bedürfnis, sich abzuschotten, Brücken abzubrechen und Mauern hochzuziehen, der Wunsch, im Inneren zu sich selbst zurückzufinden und alle Feinde außen vor zu lassen, um sich von der kalten Buchführung der Konkurrenz zu befreien und in einer Ökonomie des souveränen Ressentiments allein die eigenen Werte zu erhalten: So formiert sich das Volk der Wutbürger. Auf diesem Untergrund gedeihen der kleinlichste Nationalismus, die Verschanzung in verschlossene Vaterländer, der weiße Suprematismus, die Xenophobie, die souveränistische Regression, der Partikularismus, die Kleinstaaterei.[32] Es steht außer Zweifel, dass sich das Ressentiment zwischen Nostalgie und Reaktion in die Ideologie der Rechten einschreibt, wo man im Angesicht von Deterritorialisierung, internationalem Finanzkapital und planetarischem Exil danach strebt, die Fetische von Nation und Familie wiederherzustellen, um die symbolischen Territorien von Identität und Stabilität zu verteidigen.

Doch das Ressentiment überschreitet Grenzen – und erweist sich als Bestandteil ganz unterschiedlicher politischer Ideologien. Daher gibt es keine reine Ideologie des

Ressentiments, das sich vielmehr in einer Vielzahl politischer Formen artikuliert. Eine jede Ideologie greift Mal für Mal in unterschiedlichem Ausmaß und auf verschiedene Weise auf diese schier unerschöpfliche Quelle zurück. Demnach gibt es auch ein Ressentiment von links, das jedoch nicht mit jener durchaus berechtigten Wut auf die Welt zu verwechseln ist, die – kanalisiert und gemeinschaftlich geltend gemacht – darauf abzielt, diese zu verändern, und gewiss nicht darauf, sie schlechthin zu negieren. Das Ressentiment schlägt im Gegenteil in der Desillusionierung Wurzeln, wo wirklichkeitsfremde Strategien in Sackgassen geraten, während die immergleiche Welt ein unüberwindliches Hindernis bleibt, sowie auch dort, wo die bitteren Niederlagen oder sogar die nie geschlagenen Schlachten im Namen eines Regierungskompromisses oder eines administrativen Ausgleichs hartnäckig verdrängt werden.

Weder rechts noch links also? Auch nicht wirklich. Denn während diese Koordinaten im Rahmen der politischen Orientierung weiterhin gültig bleiben, erweist sich das Ressentiment als die mustergültige Quelle des Populismus, dem es als seiner natürlichen Mündung entgegenstrebt. Deshalb nährt es – dank etlicher Nebenströmungen und unterirdischer Zuflüsse – die Vielzahl der hybriden Ideologien, von denen die gegenwärtige Landschaft übersät ist: von den moderaten Progressiven bis zu den Anhängern konservativer Revolutionen, von rechten Libertären bis zu linken Souveränisten. Demagogen und Agitatoren, die wahren Wortführer des Neopopulismus, predigen gewiss nicht deshalb eine »Rückkehr zum Volk«, um die Gärstoffe einer Revolte in Gang zu setzen, sondern um die Wut der Gekränkten weiter zu schüren, indem sie den populären Commonsense, die grobe Schläue der Massen und die guten alten Gewohnheiten des Pöbels wiederentdecken und deren Ressentiment gegen das Establishment, die Technokraten, die Intellektuellen lancieren. So gesehen erscheint das Ressentiment, das es erlaubt, in der eigenen Ohnmacht zu schwelgen, die Trauer der Entzauberung zu betäuben und die Leere der Angst zuzuschütten, als das neue Opium des Volkes.

Eher als von Völkern sollte man hier jedoch vielleicht treffender von Stämmen sprechen. Dafür genügt es, einen Blick auf den öffentlichen Bereich zu werfen, der in gegensätzliche Gruppierungen, identitäre Felder und rivalisierende Opferrollen fragmentiert ist, von Nachbarschaftsstreitigkeiten und Familienkontroversen aufgerührt und von einer unerbittlichen Feindseligkeit sowie einem heftigen Pathos durchzogen wird, das unvereinbare Begierden nährt und allein Beziehungen der gegenseitigen Einschüchterung zulässt. Genau an dieser Stelle liefert das Ressentiment ein ethisches Alibi für einen Neotribalismus, der sich in nachtragenden Neuerfindungen und partikularistischen Forderungen manifestiert.

Jeder Stamm vermeidet es, sich mit den anderen vergleichen zu lassen, um so einen exklusiven Opferstatus beanspruchen zu können. Das Ressentiment besteht nicht nur – wie Max Scheler vertreten hat – in einer aufgeschobenen und sich damit in der Zeit verstetigenden Rachsucht.[33] Es ist ebenso die Manifestation einer Unfähigkeit, einer tiefsitzenden Machtlosigkeit. Gerade dieser nachrangige, untergeordnete Status verleiht jedoch ein Anrecht auf die ureigene Opferrolle und auf die Zurückweisung jeder Verantwortung gegenüber anderen. Rein und unschuldig, von einer rücksichtslosen und korrumpierten Welt verfolgt, betrachten sich die Gekränkten als Opfer, und zwar nicht so sehr eines niederträchtigen und betrügerischen Systems, zu dessen Rettung ihnen ohnehin die Mittel fehlen, als vielmehr einer Clique der Macht, die für ihr Verhalten bestraft werden muss. Dort seien die wahren Verantwortlichen zu suchen.

Der Gekränkte, der nicht nur über ein ausgeprägtes Langzeitgedächtnis verfügt, sondern auch von ständig schwelendem Verdacht umgetrieben wird, von der Vorstellung, in einer illusorischen Welt zu leben, neigt dazu, an Verschwörungserzählungen zu glauben, ja diese überhaupt erst zu entwerfen. Komplott und Ressentiment sind durch ein und dieselbe mythische Logik sowie durch dieselbe Umkehrung der Werte eng miteinander verbunden. Bei beiden spielt die Hermeneutik des *mundus inversus*, der verkehrten Welt, eine tragende Rolle. Die Verdammung dieser Welt mündet in die Anrufung einer anderen, in der endlich Gerechtigkeit hergestellt wird. Während es sich in religiöser Perspektive jedoch noch um eine jenseitige Welt handelt – »Mein Reich ist nicht von dieser Welt« (Johannes, 18,36) –, wird diese in der modernen komplottistischen Sicht von einer Hinterwelt der Herrschaft abgelöst, die vom durchdringenden Blick des Gekränkten entblößt wurde.

Die Neue Weltordnung

Gerade als sie sich in den Jahren nach dem Kalten Krieg zu profilieren und durchzusetzen begann, schien die Globalisierung bereits alle Konturen zu verlieren und vollends zu entgleiten. Die Vereinigung und Vereinheitlichung der Welt durch Kapital und Technik brachte paradoxerweise eine ungekannte und unwägbare Unordnung hervor.[34]

Es ist nicht weiter verwunderlich, dass der Komplottismus mit seinem Streben nach einem wohlgeordneten

Ganzen vor dieser Kulisse derart unaufhaltsam und alles durchdringend werden konnte. Was verbirgt sich hinter dem scheinbaren Chaos? Ist es nicht vielleicht der Kampf aller gegen alle, der neue globale Bürgerkrieg, eine Art und Weise, mithilfe des Chaos zu regieren? Wer webt die Intrige? Und wer behält die Kontrolle? Während in der Sphäre des Komplotts mitunter auch das Wort »Synarchie« furchterregend wiedererklang, um auf eine geheime Weltregierung hinzudeuten, welche die Nationen manipuliert und die Völker unterwirft, war dennoch der Formel »New World Order« größerer Erfolg beschieden. Vom amerikanischen Ideologen Robert Welch 1972 eingeführt, wurde in der Folge so ausgiebig von ihr Gebrauch gemacht, dass sie unter dem Akronym NWO zum Symbol des neuen Komplottismus aufsteigen konnte. Der schwarze Helikopter als mobile Angriffstruppe der Neuen Weltordnung, die unsichtbar und unmerklich über den Köpfen der Bürger schwebt, wird zum Bild für das planetarische Superkomplott.

Dieses Vorstellungsrepertoire unterstützt und verstärkt den Albtraum einer uniformierten Welt ohne Grenzen, die sich überall denselben Werten und Normen angleicht, einer Welt, die der alleinigen Vormundschaft einer fremden und totalitären Macht unterliegt. Ein solcher Albtraum wurde bereits von Ernst Jünger in seinem Essay *Der Weltstaat. Organismus und Organisation* von 1960 mit alarmistischen Untertönen vor Augen geführt. Der Eiserne Vorhang, die augenfällige Aufteilung des Globus zwischen den beiden Großmächten jener Zeit, hinderte ihn nicht daran, der zunehmenden Einförmigkeit gewahr zu werden, die sich im Rhythmus der Technik und deren kosmisch-planetarischen Wesenszügen gemäß über die Nationen hinweg ausbreitet. Der sich abzeichnende Zenit dieser Entwicklung ist der Weltstaat, mithin kein Imperativ der Vernunft, der durch gemeinsame Übereinkunft erreicht würde, sondern der Einbruch einer noch nie dagewesenen Form, in der sich der Taumel der Welt zu legen und einzurichten scheint. Jünger spricht vom Heidegger'schen »Gestell«, um jenes Dispositiv zu bezeichnen, das sich jeder Kontrolle entzieht, weit über den traditionellen Begriff des Staates hinausgeht und eine beunruhigende anarchische Landschaft eröffnet.[35]

Wenn die globalisierte Welt mit ihrer Mobilität und rasenden Geschwindigkeit Ängste auslöst, dann kann die Antwort darauf nicht die reaktionäre Abschließung sein, auf die Jünger anspielt: die Wiederherstellung der staatszentrierten Ordnung, die Wiederaneignung der Souveränität, die Stärkung der nationalen Gemeinschaften und identitären Kulturen. Und auch der komplottistische Weg führt nicht zur Rettung. Die berechtigte Frage Jacques Attalis »Wer wird die Welt von morgen regieren?« erfordert hingegen eine tiefgreifende Analyse, die ausgehend von den »Verlierern« der Globalisierung auf die Governance zurückführen muss, mit der die planetarische Wirtschaft verwaltet wird.[36] Wenn Komplexität zu Komplikation erstarrt, dann ist die Maschine des Komplotts, jenes Netz, das sich ubiquitär in Raum und Zeit ausbreitet, eine allzu naheliegende Antwort.

Die verborgene Macht der »Kaste« ans Licht zu bringen, bedeutet im Wesentlichen, ihre fundamentale Fremdheit zu enthüllen. Die Eliten stehen im Fadenkreuz als Speerspitze einer versteckten Unterwanderung durch Ausländer und Fremde. Deshalb kann die »jüdische Verschwörung« als Komplott schlechthin gelten, eine Anschuldigung, die seit Jahrhunderten in verschiedenen Ausprägungen den antijüdischen Hass schürt. Die politischen

Kategorien stellen dabei lediglich die Übersetzung eines religiösen Hintergrunds dar, in dem der Jude als apokalyptischer Feind fungiert, der sich im Besitz jenes kosmischen Geheimnisses befindet, mit dem die Weltherrschaft erlangt werden kann.

Das jüdische Komplott gegen die christliche Gesellschaft drehte sich vor allem im Mittelalter um die Anschuldigung – die während der Pestpandemie des Schwarzen Todes von 1348 mit besonderer Vehemenz erhoben wurde –, die Brunnen vergiftet zu haben. Aber vergiften bedeutet verschmutzen, heimsuchen, kontaminieren, verseuchen. Mit anderen Worten: zerstören, um zu beherrschen. Dieses lokale Gerücht trägt bereits die Anschuldigung des Komplotts in sich, die in der Moderne dann national ausgeweitet wurde. Es sei in diesem Zusammenhang nur an die berüchtigte »Affäre« erinnert, in die der junge Artillerie-Hauptmann Alfred Dreyfus, der zu Unrecht wegen Hochverrats angeklagt wurde, zwischen 1894 und 1906 verwickelt war. Der nächste Schritt, der zu Beginn des 20. Jahrhunderts durch die Verbreitung der *Protokolle der Weisen von Zion* vollzogen wurde, ist sodann das internationale Komplott, das unterschiedliche Formen annimmt: die mit dem Namen Rothschild verbundene »jüdisch-plutokratische« Verschwörung, die »zionistische« von Theodor Herzl und vor allem der »Judäo-Bolschewismus«, jene durch die linke jüdische Intelligenz von Leo Trotzki bis Rosa Luxemburg repräsentierte rote Gefahr, die schon mit der Oktoberrevolution die Welt in ihren Händen halten könnte.[37]

Als unassimilierbare Fremde in den Nationen, die über Grenzen hinweg dichte wechselseitige Beziehungen aufrechterhalten können, als Vertreter der alten Diaspora und der neuen Entwurzelung, seien die Juden in der Lage, ein globales Netz, das planetarische Komplott des »Weltjudentums« und der »jüdischen Weltverschwörung« zu spinnen. Diese wird zur höchsten Bedrohung, gewissermaßen zum Super-Plot, zum Megakomplott, das alle bisherigen in sich aufsaugt und alle zukünftigen bereits in sich enthält. Die Globalisierung befeuert den Mythos der jüdischen Verschwörung, der sich mit der Verbreitung des Weltbildes zunehmend delokalisiert und gleichzeitig intensiviert, indem er sich in einer Hinterwelt zusammendrängt, in der die Fäden der Intrige gesponnen werden – von diesem verborgenen Ort aus bestimmt das jüdische Volk, diese auf verbrecherische Infiltration und Manipulation spezialisierte Geheimgesellschaft, die Geschicke der Welt.

Der Vorwurf, einen »Staat im Staat« zu bilden, verhält sich spiegelbildlich zu demjenigen, ein planetarisches Komplott zu schmieden. Schon der deutsche Philosoph Johann Gottlieb Fichte, nicht zufällig ein glühender Nationalist, wirft den ersten markanten Schatten dieses Verdachts.[38] Aber auch im Lichte der aktuellen Situation sollte der von Fichte geltend gemachte Punkt nicht übersehen werden: Das vermeintliche Komplott schwächt die innere nationalstaatliche Souveränität in dem Maße, wie es die okkulte Weltregierung stärkt. In beiden Fällen ist es der Fremde, der sich in das Innere einschleust, um es zu beherrschen.

Man versteht daher besser, warum heute vom »tiefen Staat« und gleichzeitig von der »Neuen Weltordnung« die Rede sein kann. Es handelt sich um die beiden Gesichter ein und desselben Komplotts. Man zielt auf jene untergründigen Kräfte, die – egal unter welchem Akronym: UNO, IWF, NATO, EZB, WHO, NGOs, EU – die monströsen Träger und Beförderer des Mondialismus darstellen. Da kann man zur Vereinfachung gleich alles unter dem Supersigel NWO – New World Order – lesen.

Auch wenn *Deep State* keineswegs ein neuer Begriff ist, geriet er mit Trump wieder in die Schlagzeilen, der während des gegen ihn angestrengten Amtsenthebungsverfahrens für sich beanspruchte, das große Komplott einer »Schattenregierung«, die seine Entmachtung anstrebe, aufzudecken. Der Terminus übersetzt dabei den türkischen Ausdruck *derin devlet*, der in der Zeit zwischen 1960 und 1980 denjenigen Teil der dortigen Geheimdienste bezeichnete, der einer hypothetischen sowjetischen Invasion entgegenwirken sollte.[39] Der »tiefe Staat« wird zunächst ohne komplottistischen Anklang in die politische Terminologie aufgenommen, um auf die Kontinuität bürokratischer Machtgruppen hinzuweisen, die trotz aller demokratischen Wechsel erheblichen und dauerhaften Einfluss ausüben. Der »tiefe Staat« könne so zu dem entscheidenden Faktor werden, der die Volkssouveränität untergräbt. Er verweist auf die Macht der Verwaltung, also der Bürokratie und hohen Ämter, die – wie schon Weber gesehen hatte – mit dem Wuchern von Normen in den Mäandern der Staatsmaschine vor sich hin manövrieren.[40] Ihre sektorale Kompetenz ist zwar für das staatliche Funktionieren unerlässlich, wird jedoch von der zunehmenden Spezialisierung von Experten begleitet. Immer komplexeres Wissen erfordert eine fachspezifische Ausbildung, vertiefte Sachkenntnis und entsprechende Fähigkeiten. Diejenigen, die »es am besten wissen müssen«, können leicht als die Auserwählten betrachtet werden, die in der Lage sind, »die höchsten Interessen der Nation zu verteidigen«. Die COVID-19-Pandemie hat dies mehr als deutlich vor Augen geführt. Einschlägig dafür ist das Beispiel des Italieners Mario Draghi, des Super-Experten, Super-Bankiers, Super-Administrators. Diese Entwicklung gerät jedoch in einen dramatischen Konflikt mit dem grundlegenden demokratischen Anspruch. Welchen Sinn kann eine »Regierung des Volkes« beanspruchen, wenn effektiv stets dieselben Machtgruppen regieren?

Die Frage ist nicht nur berechtigt, sondern auch unabdingbar. Eine »Expertenregierung« zeichnet sich souverän vor der Ungewissheit jeder neuen Ausnahmesituation ab. Die fideistische Hingabe an deren Sachverstand birgt unabsehbare Gefahren: Eine Politik, die lediglich die Weisungen von Experten ausführt, hebt sich selbst auf und reduziert sich auf eine Verwaltung, deren Ideal die Neutralität ist – wenn sie denn überhaupt noch Ideale kennt. Es geht nicht darum, ob in der Welt Gerechtigkeit, Gleichheit oder Solidarität herrschen; es kommt nur darauf an, dass sie gut verwaltet wird. Das Funktionieren der Maschine wird zum Wert an sich, während der gute Politiker nichts weiter ist als ein Experte der Experten, ein Hypertechniker der Planung, der bestenfalls die effizientesten Mittel der Regierung zu wählen weiß, sich aber nicht länger fragt, warum und zu welchem Zweck.

Welche Rolle spielen also das internationale Finanzwesen, die multinationalen Konzerne, die Pharmaindustrie, die Militärlobbys, die Technokratie, das Management? Wieder einmal drängt die komplottistische Abkürzung darauf, von der Maschine zur Machenschaft überzugehen. Der »tiefe Staat« wird dann zum okkulten Ort, an dem sich das Fremde ins Eigene einnistet und von wo aus die Feinde der Nation völlig ungestört agieren können. Ihre verborgenen Absichten sind vielfältig: Sie wollen die Bürger einsperren und ihnen jede Freiheit nehmen, sie mit Mikrochips versehen, biometrische Daten sammeln, eine Geolokalisierung vornehmen, sie durch ein ausgeklügeltes Überwachungssystem ausspionieren, sie mit Mobiltelefonen, Kameras und Drohnen kontrollieren. Die Herstellung einer uniformierten Welt ermögliche so die Schaffung eines globalen Konsenses. Dieses Social Engineering gipfele sodann in genetischen Eingriffen: Transplantationen, Klonen, Hybridkreuzungen, transhumanen Übergangsformen, Verlinken des Bewusstseins mit dem Cyberspace, Ersetzen von Menschen durch Maschinen. Diese Bedrohung der Integrität des Lebendigen, die systematische Alteration des Lebens, entspreche dem Resultat der neuen Biomacht, die alle Grenzen aufhebt und die Herrschaft des Todes auch in der Geopolitik einläutet.

Auf diese Weise würden die Architekten der Globalisierung, die Urheber der mondialistischen Integration durch die Beseitigung der (Staats-)Grenzen und die Auslöschung aller Unterschiede jeden Widerspruch unterbinden – und damit die Möglichkeit, »anders« oder »quer« zu denken, die Potenziale einer kritischen Gegenmacht. Die minutiöse Planung von Krisen, Kriegen und Epidemien, der Gesundheitsterrorismus, die vorprogrammierte Ungewissheit, die Berufung auf eine permanente Bedrohung liefen allein darauf hinaus, die Neue Weltordnung tragfähig und beständig werden zu lassen.

Der »Große Austausch« und die Patrioten von QAnon

Bevor er die beiden terroristischen Massaker im neuseeländischen Christchurch verübte, bei denen am 15. März 2019 mehr als fünfzig Menschen ums Leben kamen, veröffentlichte der White Supremacist Brenton Tarrant im Internet ein Manifest mit dem Titel »The Great Replacement«. Jene Zeilen enthüllen die in der extremen Rechten verbreitete Besessenheit vom vermeintlichen Aussterben der europäischen Völker, die durch Ströme von Einwanderern ersetzt würden. Zahlreiche internationale Zeitungen, darunter *Le Monde*, haben dabei einen direkten Bezug zu Renaud Camus, dem französischen Schriftsteller und Vater des Mythos vom »Großen Austausch«, hergestellt. Dies war jedoch nicht das einzige Mal, dass dessen Worte mittelbar den Tod bringen sollten. Nur wenige Monate später schienen der Anschlag auf die Synagoge von Poway in Kalifornien sowie der Anschlag in El Paso, dessen Attentäter eine »lateinamerikanische Invasion in Texas« behauptete, den traurigen Beweis dafür zu liefern, dass die Idee eines »Aussterbens der weißen Rasse« bereits so weit verbreitet war, dass sie zum Katalysator handfester Gewalt werden konnte.[41]

Weit davon entfernt, das Erbe extremer Randgruppen zu sein, wurde der Mythos des »Großen Austauschs« in verschiedenen Formen und oftmals wörtlich von Souveränisten und Rechtspopulisten von Salvini bis Orbán aufgegriffen, aber auch von Vertretern einer mystifizierenden nationalistischen Linken wiederbelebt. Trotz der von mehreren Seiten vorgebrachten Verurteilungen scheint sich die Vorstellung eines solchen »Austauschs« nicht nur in der öffentlichen Meinung, sondern auch in bestimmten Stimmen aus dem Bereich der Kultur festzusetzen. Man denke nur an Michel Houellebecqs Roman *Unterwerfung*.

Bereits in *De l'in-nocence: abécédaire* von 2010 und sodann vor allem in dem mehrfach neu aufgelegten *Der Große Austausch* von 2011 ausformuliert, lässt sich die Grundthese von Camus leicht zusammenfassen: Ein sesshaftes Volk, das seit mehr als zwanzig Jahrhunderten ein und dasselbe Territorium bewohnt, wird innerhalb von zwanzig Jahren durch ein von außerhalb kommendes ersetzt. Die »Autochthonen«, also buchstäblich die aus dem Boden Geborenen, auf dem sie stets gelebt haben und dessen Besitz sie folglich für sich beanspruchen können, würden durch Einwanderer ausgetauscht. Dieser Vorgang stelle jedoch keine kriegerische Invasion dar wie in der Vergangenheit, sondern vollziehe sich im Rahmen eines heimtückischen und schleichenden Prozesses der »Alteration«, »Auflösung« und »Zerstörung«. Die Identität des ursprünglichen Volkes – des französischen im Besonderen und der europäischen Völker im Allgemeinen – würde, so Camus, unwiderruflich untergraben, was im Zuge einer »demografischen Überschwemmung« bis hin zu seiner Auslöschung reiche. Alles würde ent-ursprünglicht, de-lokalisiert und ent-nationalisiert, und zwar durch eine »gewaltige Austauschmaschine«, von der die Individuen nicht in ihrer Unersetzbarkeit anerkannt, sondern vermittels der Ideologie der Gleichheit gleichwertig und damit eben austauschbar gemacht würden. Die »Nozenz«, die Schädlichkeit oder der Trieb zu schädigen, triumphiere so über die »Innozenz«, die Unschuld.

Die Schuldigen dafür seien natürlich die »globalistischen« Eliten, die mit ihrem duldenden, durch »Medienlügen« gestützten Schweigen den »globalen Bevölkerungsaustausch« zulassen und sogar fördern. Genau darin bestehe der Totalitarismus des 21. Jahrhunderts. Obwohl Camus mehrfach unterstreicht, dass es sich bei dem »Großen Austausch« nicht um einen Leitbegriff, sondern schlicht um die Beschreibung eines Phänomens handele, ist seine »These« nichts anderes als eine komplottistische Vision, mit der den Vertretern einer weltweiten Superklasse in schwarzmalerischen und beklemmenden Tönen vorgeworfen wird, durch eine gezielt »einwanderungsfreundliche Politik« die europäische Zivilisation zersetzen zu wollen. Wie die Historikerin Valérie Igounet festgestellt hat, lassen sich hier deutliche Anklänge an den »Kalergi-Plan« erkennen, benannt nach dem Paneuropäer Richard Coudenhove-Kalergi, dem der Holocaustleugner und Neonazi Gerd Honsik 2005 den Entwurf eines phantasmagorischen ähnlichen Plans zur Ablösung der weißen Völker zugeschrieben hatte.[42]

Alte europäische Gespenster tauchen so aus der jüngsten Vergangenheit wieder empor. Denn bei näherer Betrachtung entspricht Camus' Komplottismus einer aktualisierten und schöngefärbten Spielart der »jüdischen Weltverschwörung«. Wenn der Autor, der bereits mehrfach wegen Revisionismus und Anstiftung zum Rassenhass angezeigt wurde, überhaupt versucht hat, die offenkundig antisemitische Abstammungslinie seiner Thesen zu verschleiern, dann wohl nur, um die öffentliche Zensur leichter umgehen zu können.

Die Rekonstruktion der einschlägigen Präzedenzfälle führt zu Jean Raspails apokalyptischem Roman *Das Heerlager der Heiligen* aus dem Jahr 1973, der das »Ende der weißen Welt« beschreibt, die von Abermillionen von Einwanderern überschwemmt wird, gegen die sich die Europäer als vollkommen hilflos erweisen. Die Flucht in die Schweiz, wohin auch Raspail sich zurückgezogen hatte, bleibt in dieser Erzählung die einzige Chance, die Restbestände des westlichen Lebens zu retten. So kommt es dann, dass Raspails Roman in einer Zeit, in der Fiktion zunehmend die Wirklichkeit durchdringt, von Steve Bannon und Marine Le Pen als sachdienliche und zutreffende politische Analyse wärmstens empfohlen wird.

Aber noch weiter zurückgehend, findet sich der Mythos des Bevölkerungsaustauschs bereits beim katholischen Journalisten Édouard Drumont, dem sogenannten »Papst des Antisemitismus«, der in seinem Bestseller von 1886 *Das verjudete Frankreich* eine jüdische Herrschaft vorhersagte, die in der Lage sein werde, sein Land zu zerstören. Entscheidend ist dabei auch der Name des Schriftstellers Maurice Barrès, eines Vertreters des französischen Revanchismus und antisemitischen Propagandisten während der »Dreyfus-Affäre«, von dem die Idee des *remplacement* zuerst ausgearbeitet wurde. Renaud Camus hat also nichts erfunden; er musste nur die quälende und monströs aufgeblähte Sorge um einen großen Austausch, wie sie der komplottistischen Vorstellungswelt bereits seit Langem eingeschrieben war, von ihrem allzu offenen Antisemitismus reinigen.

Um weitere Belege dafür zu liefern (für diejenigen mit schlechtem Gedächtnis), dass die Theorie des großen Austauschs nichts anderes ist als eine halbwegs verdauliche Fassung der »jüdischen Weltverschwörung«, muss man nur die einschlägigen Seiten von *Mein Kampf* aufschlagen. Im Gegensatz zu den Nomaden, die sehr wohl einen umgrenzten Lebensraum besitzen, führten die Juden, so Hitler, ein »parasitäres« Dasein zum Schaden der anderen autochthonen Völker, die sie entlarven und folgerichtig vertreiben müssten. Wie bereits Arthur Schopenhauer sagte, sei der Jude in der Tat der »große Meister im Lügen«. Dieses Volk gäbe vor, etwas zu sein, was es nicht ist, es nähre die Hoffnung, dass es assimilierbar ist, überzeuge seine Gastgeber davon, dass das Judentum nichts als eine Religionsgemeinschaft darstellt. In Wirklichkeit aber handele es sich um Fremde, welche die Identität der Nationen mit einer klaren politischen Strategie von innen heraus untergraben, ihr Blut vergiften und ihre Kultur zersetzen.[43] Auf der einen Seite stiften sie zum antikapitalistischen Kampf an, auf der anderen Seite sprengen sie die nationalen Grenzen – und das nur, um ihren »weltweiten Betrug«, das Komplott zur Ergreifung der Weltmacht, durchführen zu können.

In der Nachkriegszeit ist die Vorstellung eines jüdischen Plans, um die Völker Europas auszuhöhlen, zu verderben und durch den Zuzug von Schwarzen und »Mongolen« zu überfluten, in rechtsextremen Kreisen weit verbreitet. Diese Idee greift rasch auch auf die Vereinigten Staaten über, wo sie im Gefolge von White Supremacy den Verdacht erweckt, dass selbst die Regierungsbehörden mit ihrem beredten Schweigen Komplizen eines Komplotts sind, das unter dem Banner des Multikulturalismus auf die Ausrottung der »weißen Rasse« abzielt.

Dies ist der Ausgangspunkt für den Roman *The Turner Diaries* von 1978, der vom Neonazi William Luther Pierce unter dem Pseudonym Andrew Macdonald verfasst wurde, einem Buch, das Gewalt schürte und Tote fordern sollte. Eine Handvoll Suprematisten, die sich selbst als »Patrioten« bezeichnen, stürmen das Kapitol in Washington mit dem Ziel, die amerikanische Regierung, dieses mitschuldige System, zu stürzen. Dutzende von Menschen verlieren dabei ihr Leben, darunter auch Kongressmitglieder und ihre Mitarbeiter. Alles scheint im Nichts dieser Tode zu enden. Doch für die Suprematisten ist es ein symbolischer Sieg: »Die wahre Bedeutung all unserer Anschläge liegt heute in der psychologischen Wirkung, nicht in den unmittelbaren Opfern. Seit heute Nachmittag wissen sie also, dass sich keiner von ihnen außerhalb unserer Reichweite befindet.«[44] Hier spricht der Protagonist Earl Turner – es könnte jedoch ebenso gut ein beliebiger QAnon-Anhänger sein, einer derjenigen etwa, die am 6. Januar 2021 unter den fassungslosen Augen der Welt an dem von Donald Trump äußerst interessiert begleiteten Angriff auf das Kapitol teilnahmen.[45]

In der Folge schrieb Pierce, ein Physiker, der sich zum Politiker aufschwang und die National Alliance gründete, die sich unmissverständlich für die Ausrottung der Juden und anderer »unreiner« Menschen einsetzte, den 1989 veröffentlichten Roman *Hunter*, der im Tonfall wesentlich populistischer ist und von den Taten eines Kriegsveteranen erzählt, der es auf gemischte Paare und Bürgerrechtler abgesehen hat. Die »Judenfrage« wird mehr und mehr zu derjenigen nach dem Feind im eigenen Haus, nach der verborgenen Macht, die mithilfe der egalitären Demokratie die »multirassische Tyrannei« befördert.

Die Ereignisse des neuen Jahrhunderts reaktivieren also eine altbekannte und festverwurzelte Vorstellung, der zufolge Migrationsbewegungen das Ergebnis eines jüdischen Komplotts seien, um die »weiße Rasse« durch eine hybride mestizische Menschheit zu ersetzen. In Renaud Camus' Version wird dieser vermeintliche Austausch zwar nicht von Juden betrieben (dies wird nur impliziert), wohl aber von der kosmopolitischen »Superklasse« stillschweigend unterstützt und letztlich herbeigewünscht. Die komplottistischen Konnotationen bleiben jedoch offenkundig, und dies umso mehr, als Camus selbst von einer »austauschenden Macht« spricht. Angst und Ungewissheit angesichts der epochalen Veränderungen gerinnen zu einer identitären Krankheit. Nach dem Schreckgespinst eines der Scharia unterworfenen »Eurabiens«, das im vorangehenden Jahrzehnt seine Kreise zog, taucht nun das entsetzliche Phantom des »Austauschs« wieder auf. Auch jenseits der neuen souveränistischen Rechten hat sich die Vorstellung verbreitet, dass alles gesteuert und gelenkt wird, was nicht zuletzt Auswirkungen auf die Migrationspolitik zeitigt, in der das Recht des Bodens bekräftigt, den Kindern von Einwanderern die Staatsbürgerschaft verweigert wird und Schiffbrüchige ihrem sicheren Tod überlassen werden. In Italien werden die Rettungsschiffe der NGOs als »Meerestaxis« bezeichnet, während der populistische Chor die allzu »nachgiebigen« Parteien der Massaker im Mittelmeer beschuldigt.

Es geht dabei nicht nur um die Abkürzung, durch die ein so komplexes Phänomen wie die gegenwärtigen Migrationsbewegungen zum bloßen Resultat eines organisierten Komplotts wird. Die Figur des Migranten, der Grenzen ignoriert, eine andere Tradition und Sprache mitbringt und die Arbeitskraft entnationalisiert, ist in den Augen des sesshaften Autochthonen der absolut Andere, der alle Ängste der globalisierten Welt in sich vereint. Doch hinter diesem Nomaden verbirgt sich immer auch der Jude, der wahre Organisator und Strippenzieher des Ganzen. Niemand verkörpert ihn wohl besser als der Unternehmer George Soros, der dem Ende der nationalen Souveränität sowie dem Entstehen multikultureller Gesellschaften positiv entgegensieht und seine Medienunternehmen und Stiftungen nutzt, um diese Ideen zu verbreiten und liberale NGOs und humanitäre Institutionen zu finanzieren. Dieser vermeintliche Exponent des »tiefen Staates« wird sodann zum Symbol der »Mondialisten«, die den »großen Austausch« recht eigentlich vorantreiben und ins Werk setzen.

Der extreme Kitzel der Apokalypse. Kosmische Feinde

Waren apokalyptische Visionen schon immer Versuche, die eigene Zeit zu interpretieren, so hat das seit Jahrhunderten imaginierte »Ende« nie derart reale Konturen angenommen wie zu Beginn des dritten Jahrtausends – zwischen globalen Pandemien, maßloser Verschuldung, Ungerechtigkeit und Ungleichheit, Migrationsbewegungen, Klimakatastrophe, Erschöpfung der Ressourcen, weit verbreitetem Unbehagen und unermesslicher Absurdität. Ein besorgtes, angsterfülltes Warten macht sich breit; eine unheimliche Sonne hebt sich gegen den verschmutzten Himmel ab. Das bevorstehende Ende ist nun nicht mehr nur kosmologisch, sondern nimmt konkrete historische Formen an. Wir sind die Ersten, denen bewusst wird, dass wir tatsächlich die Letzten sein könnten. In millenaristischen Bewegungen der Vergangenheit konnte man inmitten von Glauben, Erwartung und Wahnvorstellungen vom nahenden Ende der Fantasie freien Lauf lassen.[46] Heute führen uns die zahllosen Bildschirme, die ebenso sehr Spiegel unserer Zeit sind, vom Aussterben der menschlichen Spezies bis zur Auslöschung des Planeten das Epos der Vernichtung vor Augen. Die historische Gewissheit des Endes, das sich vor einem apokalyptischen Hintergrund ohne theologische Resonanzen und politische Utopien abzeichnet, prägt dem Zeitalter ihren Stempel auf. Die Apokalypse profiliert sich inmitten der Spätmoderne. Die Idee des Fortschritts erlischt und das Vertrauen in die Möglichkeit, den Lauf der Dinge beeinflussen und das Unvermeidliche noch abwenden zu können, schwindet. Die in der Gegenwart erlittenen Leiden und Gewaltakte finden keine Aussicht auf Wiedergutmachung im Rahmen einer kommenden Gerechtigkeit. Jede Existenz ist eine Geschichte für sich, versprengt und abgesondert in einem einzigartigen Schicksal, während die Geschichte ihren Sinn verliert und die Welt zu einem unentzifferbaren Intrigenspiel wird.

Die nicht nur im allgemeinen Sinne einer Katastrophe, sondern auch in der ursprünglichen Bedeutung einer Offenbarung verstandene Apokalypse bildet die Hintergrundfolie des Komplotts. Die Welt wird von einer bösartigen Macht von grenzenloser Zerstörungskraft beherrscht, einer rücksichtslosen und skrupellosen tyrannischen Kraft, die Qualen verursacht und Opfer fordert. Man hofft nicht länger, sie zu stürzen, sondern wartet darauf, den Schleier früher oder später zu lüften. Sobald sie einmal entlarvt ist, wird die okkulte Macht ihre ganze Kraft einbüßen. Und es wird einen neuen Anfang geben.

Auf dem Spiel steht nichts weniger als die Unversehrtheit der Welt. Das Komplott ist nun tatsächlich kosmisch geworden. Das Netz breitet sich im gesamten Raum aus und erstreckt sich in der Zeit zurück. Hinter den Kulissen halten die Manipulatoren die Fäden fest in der Hand, lenken die geschichtlichen Ereignisse und kontrollieren alle menschlichen Angelegenheiten. Man kann mit ihnen weder verhandeln oder Kompromisse schließen noch sie zum Nachgeben bewegen. Es geht um alles oder nichts. Der Konflikt ist planetarisch, das Gefecht hat epochale Ausmaße.

Über die manichäische Zweiteilung zwischen Gut und Böse hinaus nimmt der Kampf eine apokalyptische Tiefendimension an. Dieser Punkt ist entscheidend. Denn der Feind bedroht nicht nur eine Nation; sein Ziel ist es, die gesamte Weltordnung zu stören und letztlich zu zerstören. Sein Sieg würde daher das Ende der Geschichte, den Niedergang der Zivilisation und den Tod des Planeten bedeuten. Daher der existenzielle Hass, das übermächtige Ressentiment, die Entscheidung zwischen der Erlösung oder dem Nichts, die halbprophetische Leidenschaft, mit der die endgültige Katastrophe heraufbeschworen wird.

Die Auseinandersetzung findet nicht im Raum des traditionellen Konflikts zwischen Staaten statt, in dem Rechtsnormen bestehen, sondern jenseits der Grenzen, in einer metaphysischen Sphäre, in der es keinen Waffenstillstand, keinen Kompromiss und keine Schranke der Gewaltanwendung gibt. Der Bruch ist abgrundtief, die

Feindseligkeit absolut. Keine Reminiszenz eines Brückenschlags ermöglicht eine interpretative Gemeinschaft. Die in der Hinterwelt verbarrikadierte okkulte Partei des Bösen bleibt der Feind, den es zu besiegen gilt und der dennoch nicht zu beseitigen ist.

Dies erklärt auch, warum die derzeitige Entpolitisierung des sozialen Konflikts das Vorzimmer des Komplottismus darstellt. Die beiden Phänomene sind eng miteinander verknüpft, und es ist daher bemerkenswert, dass dies noch nicht hinreichend analysiert wurde. Der Feind ist weder der Klassenfeind noch derjenige einer gegnerischen Nation. Im Gegenteil, er kann zugleich extrem nah sein wie der anonyme Hausbewohner aus dem oberen Stockwerk oder aber äußerst fern wie »die Bürokraten aus Brüssel«. Vor allem im Internet wird dieser Kampf, der beinahe so etwas wie ein Ringen um existenzielle Anerkennung darstellt, gegen ein Gegenüber mit unklaren Konturen geführt, gegen einen undifferenzierten Plural, der zur Zielscheibe allerart destruktiver Impulse wird. Das Alibi besteht dabei stets in der vorgeblichen Verteidigung gegen jene bösen Kräfte, die das Leben zunehmend verunmöglichen. In der Tat sollte man die Gewalt von verbalen Angriffen hierbei nicht unterschätzen, die kaum ihren apokalyptischen Hintergrund verbergen können. Denn stets lauert und droht der Tod. Vom »internationalen Finanzwesen«, das die Ressourcen systematisch ausbluten lässt, bis zu planetarischen (und womöglich gar interplanetarischen) Geheimorganisationen, die alles und jeden überwachen und manipulieren, vom »Großen Austausch« bis zur Pädophilie und Perversion von Eliten, von den »Chemtrails«, den von Flugzeugen freigesetzten Abgasen, bis zur tödlichen Impfung unter dem mehr als fadenscheinigen Vorwand eines Virus: Alles verweist auf im Verborgenen begangene Verbrechen, auf die ultimative Transgression, auf die endgültige Zerstörung. Die komplottistische Logik funktioniert nicht nur über die mehr oder minder ungebührliche Verknüpfung des Besonderen mit dem Allgemeinen, sondern vor allem auch dadurch, dass jedes Ereignis im Licht eines kosmischen Megakomplotts gelesen wird. Deshalb finden Widerlegungen, die darauf abzielen, einzelne Trugschlüsse und spezifische Irrtümer aufzudecken, keinerlei Angriffsfläche. Der Komplottist kennt nur den extremen Kitzel der Apokalypse. Daher der riesige Erfolg von okkulten Themen und magischen Sagen in der Popkultur. Die Atmosphäre des Weltuntergangs und der Hang zu liminalen Phänomenen brechen sich immer wieder Bahn.

Der Komplottist wagt sich bis auf die Schwelle der Realität vor, bis an die Grenzen der sichtbaren Welt, und verteidigt dort das Bollwerk der Zivilisation. Als Vertreter einer wachsamen, argwöhnischen und scharfsinnigen Avantgarde fasst er Machenschaften ins Auge, bevor andere in ihrer Kurzsichtigkeit und Naivität derer überhaupt gewahr werden können. Aber es bleibt ein Kampf gegen die Zeit, die endgültig abzulaufen droht. Es herrscht die Angst der letzten Tage, in denen sich die Ereignisse überstürzen. Die gesamte Ordnung steht auf dem Spiel, nein: die ganze Welt.

Die totalitäre Berufung des Komplotts zeigt sich auch im phantasmatischen Bild des Feindes, in dem die vielen Gegner zusammenlaufen, deren Pluralität einen vielleicht noch an der eigenen Sache zweifeln lassen könnte. Stattdessen ist der Feind ein Einziger, auch wenn er das undifferenzierte »die da oben« des Systems oder des Establishments repräsentiert. Ubiquitär und omnipräsent ist er die Maske der gesichtslosen Macht. In der Konstruktion des absoluten Feindes, der alle vergangenen und alle zukünftigen umfasst, liegt jedoch auch eine massive Enthumanisierung, auf deren Grundlage das gesamte Universum – von der Mikrobe bis hin zum Kosmos – mobilisiert wird. Der Feind, der auf diese Weise sowohl in die untermenschliche als auch in die übermenschliche Sphäre verbannt wird, ist selbst kein Gefangener des komplottistischen Getriebes. Im Gegenteil, er ist der große Organisator und Manipulator. Seine transzendente Position macht ihn zu einem freien und dynamischen Agenten, der jederzeit und überall eingreifen kann. Unsichtbar und geheim, unerbittlich und seelenlos, zwischen Genius malignus und Antichrist, trägt er dämonische und schauerliche Züge.

Der Feind mitsamt seinen fremden Mächten sucht Zuflucht in der Finsternis, die auch der Ort der unreinen Tiere ist. So gibt es, wie Raoul Girardet festgestellt hat, ein regelrechtes »Bestiarium des Komplotts«, das alles umfasst, was kriecht, eindringt und sich einschleicht, was sich windet und schleimig ist, was Schmutz und Infektionen mit sich bringt: die Schlange, die Ratte, der Blutegel, der Krake.[47] Aber das bevorzugte Bild innerhalb dieses widerlichen animalischen Gewimmels ist das der Spinne, die – schwarz, behänd und geduldig – ihr Netz webt und ihre Opfer einhüllt, bis sie diese schließlich verschlingt. Bei näherer Betrachtung ist das Spinnennetz das eigentliche Symbol des Komplotts, seine anschaulichste Darstellung.

Selbst dort, wo er auf einen Namen zu hören scheint, tritt der Strippenzieher in Tiergestalt auf; seine Figur verwandelt sich ins Monströse. Wie im Fall von Rothschild, dem Bankier aller Bankiers, dessen raffgierige Hand in der traditionellen Ikonografie zu einem Kraken wird, der mit seinen Tentakeln und seinen tausend Saugnäpfen das Opfer überwältigt und fesselt, bevor er ihm das Blut aussaugt. Die subhumane Maske assimiliert das Gesicht und löscht es aus.

Was bedeutet es demnach, zu demaskieren? Es geht nicht nur darum, ein Phänomen auf die verborgenen Absichten eines Täters zurückzuführen. Es bedeutet auch, den Schleier des Feindes zu lüften, ihn aus jener Unsichtbarkeit zu reißen, in der seine Macht letztlich verborgen liegt, seine Täuschungsmanöver aufzudecken. Die Aggression des Manipulators wird entlarvt, dessen Identität und Ziel offenbart. Dem Zerreißen des Schleiers, das die Hinterwelt zugleich aufdeckt und zunichtemacht, kommt ein mystisch-esoterischer Wert zu. Hitler, der perverseste komplottistische Demagoge, war sich dessen sehr wohl bewusst und wusste das Mobilisierungspotenzial, das in jener zur letzten Befreiungsschlacht aufrufenden apokalyptischen Geste steckt, zu nutzen. Der Wortführer der Täuschung ist Arzt und Prophet zugleich: Einerseits sterilisiert und heilt er, andererseits ruft er das Heil, die Rettung aus.[48]

Aber Demaskieren bedeutet gleichzeitig eine offene Anklage gegen die Mitglieder des Komplotts, die okkulte Ränke schmieden und dafür zur Verantwortung und Rechenschaft gezogen werden müssen – Demaskierung, Anklage und schließlich Verurteilung. Die unwiderrufliche, endgültige moralische Verurteilung stellt ein unanfechtbares Stigma dar. Da es sich stets um einen Kampf zwischen Gut und Böse, zwischen den Mächten des Lichts und denen der Finsternis handelt, ist ein absoluter und bedingungsloser Sieg unerlässlich. Kompromisse mit diesem erbarmungslosen Bösen, das, wenn schon nicht vollkommen ausgerottet, so doch zumindest aus der Hinterwelt, in der es webt und wirkt, ausgehoben und vertrieben werden muss, kann es nicht geben. Dadurch wird die Spirale eines ebenso anspruchsvollen wie trügerischen Sieges in Gang gesetzt, der Frustration, Groll und Ohnmachtsgefühle noch verschärft. In der komplottistischen Vorstellungswelt ist der Sieg über den Feind kein Mittel zum Erreichen eines Zwecks, sondern reiner Selbstzweck.

Deshalb ist und bleibt der Feind stets unabdingbar. Er dient dazu, die Identität der ressentimentgeladenen und sich zum Opfer erklärenden Gruppe zu definieren, und dies umso mehr, wenn es sich um eine Nation mit losen und instabilen inneren Bindungen handelt. Der Komplottist zeigt keinen Ausweg auf, sondern beschwört die Katastrophe als unabwendbare Zukunftsvision, indem er an eine unbestimmte Angst, eine diffuse und quälende Beklemmung appelliert. Dank seiner phobokratischen Fähigkeiten lenkt und orientiert er sein Publikum von Anhängern und Mitläufern, seine Follower, indem er diese dazu bringt, nicht über das Problem selbst und mögliche Lösungen nachzudenken, sondern unerbittlich den Feind ins Visier zu nehmen, der für das Desaster verantwortlich gemacht wird. Die Gemeinschaft des »Wir« verdichtet und vereint sich in der Unduldsamkeit und dem Ekel vor »denen da oben«. Diese Elite von Unterdrückern, von dämonischen Kräften, die mit einer fast biologischen Zerstörungskraft ausgestattet sind, ist ein Fremdkörper, der nicht assimiliert werden kann. Es sind die »Internationalisten«, die »Kosmopoliten«, die »Kommunisten«, die die nationale Souveränität angreifen. Der Kommunismus ist hier jedoch nur ein Etikett, hinter dem sich allerart schmutzige Aktivitäten verbergen. Dasselbe gilt für den Kapitalismus, der kein Wirtschaftssystem ist, sondern eine Clique der »internationalen Hochfinanz«. Es lohnt sich also nicht, Fabriken zu besetzen, um das Lohnniveau zu verteidigen, denn für dessen Absinken ist nicht das produktive Kapital verantwortlich, sondern das räuberische Finanzkapital. Diese durch den Nationalsozialismus eingeführte Unterscheidung setzt sich erneut erfolgreich durch. Am Gipfel des Ganzen, an der Spitze der Partei des Bösen, steht der »Bankier«, in der populistischen Vorstellung das Sinnbild aller Ausbeutung und Enteignung. Die »internationale Finanzwelt« steht – wie der Begriff schon klarmacht – mit den Internationalisten im Bunde. Und auf einmal taucht der »kommunistische Bankier«, ein Rothschild, der Marx ähnlich sieht, ein Soros, der die NGOs anführt, überraschend aus der Versenkung seiner Hinterwelt hervor.

Als Sinnbild indirekter Herrschaft steht der »kommunistische Bankier« an der Spitze der Partei des Bösen, die sich aus internationalen Monopolen und ausländischen Agenten zusammensetzt. Bei näherer Betrachtung handelt es sich recht eigentlich um die Partei der Fremden. Da haben wir die feindliche Truppe – die der Einwanderer, der multinationalen Konzerne, der Plünderer, Marodeure und Eindringlinge aller Art, der Repräsentanten der Technik, der Perversen, all derjenigen, die die Sicherheit und Identität des »Wir« untergraben wollen. Fremde außen und Fremde innen sind in beiden Fällen unassimilierbar. Hinter dem Netz hält der Fremde aller Fremden die Fäden in der Hand, verborgen, unsichtbar und ungreifbar, über- und untermenschlich zugleich, kurzum: ein metaphysischer Jude.

In der Zeit der Globalisierung, diesem dämonischen Werk, das alles entstellt, verfälscht und kontaminiert, ist das Komplott umso schwieriger zu entlarven. Der Feind greift auf die üblichen Methoden zurück: Er steuert die Presse und verbreitet Fake News, kontrolliert die Politiker, betreibt Gehirnwäsche, manipuliert das Bildungssystem; aber er reaktiviert auch okkulte Praktiken mithilfe neuer Formeln, angefangen mit dem Virus, dem bösen Geist der Fremdheit, der ebenso abstrakt und immateriell ist wie verhängnisvoll und tödlich. Die Alteration ist also gesichert, und wenn nicht durch epidemische Ansteckung, so doch zumindest durch die von den großen Pharmakonzernen gesteuerte Massenimpfung, die auf ihren zusätzlichen Eigenprofit zum gesundheitlichen Schaden der Bürger abzielen. Aber die großen Manipulatoren stehen selbst noch hinter Big Pharma.

Politik wird so zu einem Prozess der Dekontaminierung. Trump hat dies plakativ veranschaulicht, aber er ist bei Weitem nicht das einzige Beispiel. Er hat nicht nur versprochen, das demokratische Chaos zu beseitigen, sondern sich auch als Heiler des kranken Körpers der Nation inszeniert, der in der Lage sei, diesen von allem zu reinigen, was ihn verseucht – von kriminellen Schwarzen, mexikanischen Einwanderern, Feministinnen und transgender Personen, Behinderten und Kranken –, und ihn mit Mauern, bewehrten Grenzen und allen erdenklichen Schutzmaßnahmen gegen jede Heimtücke zu verteidigen. Im Inneren wird der Raum der politischen Auseinandersetzung beschnitten, die Risse werden gekittet, die Wellen geglättet, sodass sich die Kluft zwischen »uns« und »ihnen«, den Opfern und den »Mächtigen«, einem reinen und mystischen Amerika und einem »tiefen Staat« umso deutlicher auftut. In ebendieser Logik ist QAnon verwurzelt. Die durch das fremde Virus ausgelöste Pandemie, der hyperbolische Beweis für jede mögliche Form von Bedrohung, drängt einmal mehr zur immunitären Dekontaminierung.

Komplottismus und Populismus

Das Volk fühlt sich also bedroht und verraten. Der Verdacht verstärkt die Ungewissheit sowie das Misstrauen gegenüber den politischen Autoritäten und öffentlichen Institutionen, die bezichtigt werden, nur die Interessen ihrer eigenen »Kaste« zu verfolgen, die in einem diametralen Gegensatz zu denen der Normalbürger stehen. Was aber ist aus der Souveränität des Volkes geworden? Die Demokratie entpuppt sich als eine Pseudo-Demokratie, das heißt als Simulacrum der Macht des Volkes, die stattdessen anderswo und zu anderen Zwecken ausgeübt wird. Das Komplott ist Teil der populistischen Vorstellung der Macht.

Es ist bekannt, dass der Populismus keine neue Erfindung ist und im Laufe der Geschichte unterschiedliche Ausprägungen angenommen hat. Sogar seine Definition bildete in den letzten Jahren einen Gegenstand heftiger Debatten. Gesichert ist, dass der Terminus, der häufig mit polemischen Untertönen verwendet wird, sehr schnell zu einem Stigma werden kann. In der öffentlichen Debatte wird unter der Bezeichnung »populistisch« heute ein politischer Stil verstanden, der sich durch vereinfachende Thesen, plumpe Argumente, pauschale Urteile und bequeme Verweise auf den volkstümlichen Commonsense auszeichnet. Etliche Interpreten kommen jedoch darin überein, dass sich der Populismus gerade durch die Spannung zwischen Volk und Elite auszeichnet. Es handelt sich daher um eine Sichtweise, welche die Gesellschaft in zwei antagonistische Gruppen aufspaltet: auf der einen Seite die korrupte und fremde Elite und auf der anderen Seite das geeinte, reine, homogene Volk, dessen Gemeinwille von der Politik zum Ausdruck gebracht werden sollte. Wie der Politologe Cas Mudde gezeigt hat, handelt es sich dabei um eine *thin ideology*, die quer durch das traditionelle politische Spektrum verläuft und für unterschiedlichste soziale Gruppierungen anschlussfähig ist.[49]

Aus welchem Blickwinkel man ihn auch betrachtet, der Populismus scheint ein hervorragendes Mittel zu sein, um das Volk gegen das System zu mobilisieren, indem er an das Ressentiment appelliert und die diffusen Ängste instrumentalisiert, indem er das Komplott, den Schwindel, die Korruption des Establishments zum Nachteil des einfachen Volkes anprangert. Insbesondere bei den jüngsten Formen des Neopopulismus bildet das Komplott das zentrale Register der Aufwiegelung.

Das bedeutet natürlich nicht, wie die Vulgata will, dass jeglicher Populismus verdammenswert oder vor einem komplottistischen Horizont interpretierbar wäre. Der argentinische Theoretiker Ernesto Laclau hatte gewiss nicht ganz unrecht, als er bereits in den Siebzigerjahren im antagonistischen Potenzial des Populismus eine emanzipatorische Kraft ausmachte, die den Konflikt in das durch erzwungenen Konsens entpolitisierte Leben zurückbringen und so zu einer radikalen Demokratie führen könne.[50]

Im aktuellen Szenarium hat eine radikale Vereinfachung sozialer Konflikte jedoch dazu geführt, diese auf den manichäischen Kampf zwischen Herrschenden und Beherrschten, Betrügern und Betrogenen, Volk und Elite zu reduzieren. Die Dämonisierung der Eliten ging mit einer Verherrlichung des »Volkes« einher, das jedoch nicht mehr als Plebs oder Proletariat, sondern als Herkunfts- und Schicksalsgemeinschaft verstanden wurde: nicht *dēmos*, sondern *éthnos*. Genau darin besteht das Abgleiten eines kritischen, protestierenden Populismus in einen identitären Populismus, bei dem das Volk eine vermeintlich substanzielle und dauerhafte Identität bewahren soll.[51]

Der monistischen Vorstellung einer korrupten Elite, die allein die Macht innehat, steht die ganzheitliche – und integralistische – Auffassung eines authentischen Volkes, einer unverdorbenen und unkorrumpierbaren Gemeinschaft gegenüber. Die Trennung ist klar und trennscharf, der Bruch wirkt wie eine Reinigung und Erlösung. Die Bruchlinie legt zudem genau fest, wer dazugehört und wer nicht.

Das Volk beansprucht nicht nur das Monopol auf den Gemeinwillen in seiner Transparenz und Unmittelbarkeit, sondern macht auch den Anspruch geltend, im Zeichen der Identität Grenzen zu setzen. Es gibt keinen Riss und auch keine Differenz, keinen Dissens, der die homogene Substanz des Volkes durchdringen könnte. Um die Mystik seines unberührbaren Körpers, den Traum von einer vollständig mit sich selbst versöhnten Gemeinschaft rankt sich die Antipolitik des neuen Populismus. Denn welchen Sinn hätte die Politik noch angesichts einer solch totalisierenden Geschlossenheit?

Während der *démos* in Richtung des *éthnos* abgleitet, wird das Übergeordnete nach Außen abgedrängt. Die hyperdemokratischen Bestrebungen (Volksinitiativen, Referenda, direkte Demokratie) werden zu einer hypodemokratischen Desillusionierung, die darauf abzielt, das Chaos und den Betrug des demokratischen Systems zu entlarven. Wut und Empörung richten sich nicht gegen die herrschende Klasse, sondern gegen eine Elite, die im Inneren regiert, ihre Befehle jedoch von außen entgegennimmt. So entpuppen sich die »internationale Hochfinanz« und die »Invasion der Einwanderer« einmal mehr als die zwei Seiten jener Macht, gegen die der neue nationalistische oder vielmehr nativistische Populismus wütet, indem er das Banner der Identität hochhält und Abschottung und Ausschluss betreibt – Staatsbürgerschaft nur für Einheimische, Rechte allein den Staatsbürgern. Dieses Primat übersetzt sich in die Politik eines Wohlfahrtsstaates, der die »Inkludierten« schützt und die ethnische Gemeinschaft sowie den integralen Zusammenhalt ihrer eigenen Kultur und ihrer Werte gegen den Finanzkapitalismus, den Globalismus und gegen alles andere verteidigt, was von außen kommend korrumpiert, alteriert und kontaminiert.

Wenn ein Populist an die Macht gelangt, verschiebt sich das Problem nicht wesentlich – im Gegenteil, es tritt umso klarer hervor.[52] Von Chávez bis Bolsonaro, von Orbán bis Trump, der regierende Populist identifiziert sich mit dem »Volk«, er ist dessen direktes Sprachrohr, derjenige, der es vor den im Verborgenen agierenden Mächten schützt und sich nicht scheut, das Komplott namhaft zu machen. Das »chinesische Virus«, Imperialisten, Ausländer, Homosexuelle, Juden, die Technokraten und Welteliten – dies sind die Feinde, die Übergrößen der Globalisierung, die unheilvollen und schädlichen Kräfte, die das »Volk« zerstören.

Xenophobie und Komplottismus, mithin Aspekte ein und derselben Abneigung gegen das Äußere und Fremde, verbinden sich im Rahmen der Selbstverteidigung einer immunitären Demokratie, die die Geschützten im Inneren von den im Außen ausgesetzten Anderen trennt. Wie der Totalitarismus im 20. Jahrhundert bildet der komplottistische Populismus im 21. Jahrhundert die autoimmune und destruktive Form, welche die Demokratie im Zuge ihrer schwindelerregenden Selbstverstümmelung angenommen hat.

Opferrolle und politische Ohnmacht

Wer ein Komplott anprangert, der zerreißt nicht nur den Schleier und zeigt mit dem Finger auf den vermeintlichen Täter, ruft nicht nur zur Mobilisierung gegen diesen Feind auf, sondern erklärt sich zugleich auch zum Opfer. Dieser zusätzliche Schritt wird für gewöhnlich übergangen. Dadurch aber wird die Komplizenschaft zwischen Opferrolle und komplottistischem Szenarium unterschlagen. Nur wenn man dieser Beziehung auf den Grund geht, kann man die Verbreitung des Komplottismus in seinen neuen Formen verstehen.

Das Vordringen des Opfers in den öffentlichen Raum ist ein Phänomen jüngeren Datums, das sich – in verschiedenen historischen Konjunkturen und mit letzten Endes konvergierenden Linien – spätestens seit Mitte des letzten Jahrhunderts deutlicher abzeichnet. In der Vergangenheit erregte das Opfer nicht an und für sich selbst Interesse; sein Leiden, seine Traumata und Verletzungen wurden im Allgemeinen stillschweigend übergangen und ihnen kam keinesfalls dieselbe Bedeutung zu wie der Gewalt, die so an der Gemeinschaft verübt wurde. Das Verbrechen war nicht vordringlich zu bekämpfen, weil es dem Opfer Unrecht tat, sondern weil es die Ordnung beeinträchtigte.

Ein neues Kapitel wurde mit den Weltkriegen aufgeschlagen, in denen eine gewaltige Anzahl von Zivilisten ihr Leben verlor und deren Tiefpunkt insbesondere durch die Genozide markiert wird. Die Sensibilität für die Diskriminierung von Frauen und der körperlich und sozial Schwächsten hat seither zugenommen. Dieser Auftritt der Opfer auf der Bühne der Geschichte zeitigte zahlreiche politische, ethische, rechtliche und intellektuelle Auswirkungen. Nicht nur die Grenzen zwischen dem Privaten, wo einst der Schmerz im Verborgenen wucherte, und der öffentlichen Sphäre, in der vor den Augen aller Wiedergutmachung gefordert wird, löst sich auf. Das Auftauchen des Opfers offenbart die Krise der Institutionen und die Schwächung der staatlichen Souveränität. Anstelle des Kämpfers wird vom Opfer gesprochen, weil die Aufopferung für das Vaterland keinen Sinn mehr zu machen scheint. Einen zentralen Bezugspunkt für die Opfer von Gewalt und Verfolgung bilden die humanitären Organisationen, die nicht nur den Staat ersetzen, der nicht länger der letzte Garant ist, sondern oft sogar Anklage gegen diesen erheben. Die von den Opfern geforderte Gerechtigkeit reicht zudem über die nationalen Grenzen hinaus. Die Aufhebung alter Grenzen und die Öffnung neuer politischer Räume gehen mit der Profilierung einer Figur einher, die – nachdem sie so lange nahezu unsichtbar geblieben war – eine entscheidende Rolle in der Gegenwart einnimmt.

Das Opfer verlangt nichts anderes als Anerkennung – die Anerkennung, die ihm über viele Jahrhunderte hinweg vorenthalten und verwehrt blieb. Wurde Gewalt bislang aus der Sicht des Täters als verübte Gewalt betrachtet, fokussiert die veränderte Perspektive unsere Aufmerksamkeit auf die Verfolgten, die Überlebenden, die Schutzlosen, die ein Verbrechen erlitten haben. Über die Bestrafung der Schuldigen hinaus fordern die Opfer sowie ihre Erben oder Angehörigen nicht nur die Anerkennung ihrer individuellen oder kollektiven Erfahrungen, sondern auch die Wiedereingliederung in die Gemeinschaft. Nachdem das Opfer gedemütigt wurde, läuft es nämlich Gefahr, auch in der Folge weiter diskriminiert zu werden. Deshalb wird weniger um Mitgefühl als vielmehr um Akzeptanz und Aufnahme gebeten.

Dieses Bild bliebe jedoch unvollständig, wenn man ihm nicht auch die Tatsache hinzufügte, dass die Präsenz des Opfers im öffentlichen Raum zur Quelle einer politischen Abdrift werden kann. Es geht nicht nur um die individuelle Erzählung des eigenen Leidens, des persönlichen Schicksals, die einen einzigen Standpunkt vertritt und vor Gericht ein unparteiisches Verfahren behindern kann. Gleiches gilt im Übrigen auch für das Tribunal der Geschichte. Der springende Punkt ist vielmehr eminent politisch und liegt in der Versuchung des Opfers.

Missbrauch und Exzess äußern sich zumeist in der Anmaßung einer Rolle, die bei genauerer Betrachtung eigentlich anderen zustünde. Die Konkurrenz zwischen den Opfern, der Wettstreit um das Primat des Leidens, ist heute zu einem fast alltäglichen Schauspiel geworden. Aber welcher Sinn kann einer solchen Viktimisierung zukommen? In einem Kontext verbreiteter Gewalt, in dem sich die Risiken vervielfachen, ist es unvermeidlich, sich ständig exponiert und gefährdet zu fühlen. Dies gilt umso mehr, als der Staat selbst – während er einen Schutz verspricht, den er nicht bieten kann – die Entstehung jener Infektionsherde der Besorgnis zulässt und begünstigt, die das Regieren einer in sich abgeschlossenen und passiven Gemeinschaft erleichtern. Die Phobokratie, das heißt die Machtausübung durch systematischen Notstand und anhaltende Alarmierung, könnte zum Schlüsselbegriff für die neue neoliberale Governance werden. In einer solchen Situation, die durch breite Medienresonanz meist noch verschärft wird, lässt sich unschwer verstehen, warum sich alle jederzeit als potenzielle Opfer fühlen. Dies wird von Misstrauen und Argwohn gegenüber den institutionellen Behörden begleitet, die allzu säumig, unfähig oder schlicht abwesend erscheinen.

Der Auftritt des Opfers signalisiert so die Entpolitisierung des öffentlichen Raumes. Auf diese Weise erklärt sich jeder, der sich aufgrund der steten Bedrohung und seines extremen Sicherheitsbedürfnisses als mögliches Angriffsziel fühlt, bereits im Vorhinein zum Opfer. Darin kann man gewiss auch einen Schritt zur Einforderung von Rechten sehen, die auf diesem Weg tatsächlich häufig zuerkannt und gewährt werden. Es handelt sich demnach nicht nur um die Forderung, geschützt zu werden, sondern auch darum, die eigene Einflusssphäre im öffentlichen Raum auszuweiten. Kurz, dem Opfer kommt eine nie gekannte Macht zu.

Letzten Endes handelt es sich jedoch stets um eine negative Macht, die dadurch gekennzeichnet ist, was dem Opfer vorenthalten wurde, was es erlitten oder verloren hat. Gerade aufgrund dieser Rolle der Untersagung und Entmündigung liefert sich das Opfer der Ohnmacht aus, in der es sich schließlich verschanzt. Auf diese Weise verfolgt es eine (selbst-)zerstörerische Logik, die einerseits zur weiteren Entleerung der Politik beiträgt, andererseits das Opfer aber auch in ein zunehmend gespenstisches Labyrinth treibt. Auch in dieser Hinsicht ist das Komplott eng mit der Opferrolle verbunden. Fredric Jameson hat diesbezüglich von einer »kognitiven Kartierung der Armen«[53] gesprochen, um die Art und Weise zu bezeichnen, wie sich die Armen (aber auch die Unbedarften) in der komplexen Landschaft des fortgeschrittenen Kapitalismus orientieren, um schließlich Geheimgesellschaften und getarnte Agenten aufzuspüren, anstatt den wahren Unterdrückern die Stirn zu bieten. In diesem Sinne entspricht das Komplott einem politischen Ablenkungsmanöver.

Komplottistische Häresie?
Eine Kritik an Eco

Wie andere komplexe Phänomene, welche die zeitgenössische Demokratie aufwühlen, kann auch der Komplottismus aus verschiedenen Blickwinkeln betrachtet und entweder als obskures, jedoch vielsagendes Symptom einer tiefen Krise oder aber als Relikt einer obskurantistischen Vergangenheit verstanden werden, das schlichtweg zu verurteilen ist. Im letzteren Fall changiert man zwischen Sarkasmus und Rüge, um den anmaßenden und ewiggestrigen Geist zu delegitimieren, der zwar von Zeit zu Zeit wieder auftauche, jedoch keine Chance habe, sich dauerhaft durchzusetzen. Eine solche Sichtweise, die vereinfachend und beruhigend wirkt, findet in der Regel unmittelbare Zustimmung und Beifall.

Der vielleicht bedeutendste Vertreter des derzeit theoretisch vorherrschenden Antikomplottismus ist Umberto Eco. Betrachtet man sein umfangreiches Werk aufmerksam, so sind die dem Thema des Komplotts gewidmeten Seiten, die sich in dem Essay *Die Grenzen der Interpretation* von 1990 sowie in der Sammlung *Pape Satàn. Chroniken einer flüssigen Gesellschaft* von 2016 finden, äußerst spärlich. Entscheidend ist jedoch das Universum seiner Romane, die zwischen den Zeilen eine kaum verhohlene Reflexion enthalten und sich allesamt um einen Plot herum entfalten, der als Gewebe eines großen Komplotts aufgefächert wird. Als atavistischer Irrtum, der den Lauf der Geschichte auf Abwege zu führen und die westliche Kultur zu untergraben droht, als eigentlich überwundener, aber noch immer verführerischer Aberglaube, ist der Komplottismus für Eco Ausdruck einer tiefsitzenden Irrationalität, gleichsam das Emblem kultureller Regression.

In Gestalt von mysteriösen Todesfällen, die sich im düsteren Scheinfrieden einer Benediktinerabtei in Norditalien ereignen, ist die komplottistische Häresie bereits fester Bestandteil der Handlung des ersten 1980 veröffentlichten Romans *Der Name der Rose*. Noch entscheidender wird sie aber in *Das Foucaultsche Pendel* von 1988, das Eco als sein wahres Meisterwerk betrachtete, und schließlich in *Der Friedhof in Prag* von 2010. Zu diesen einschlägigen Titeln könnte man weitere hinzufügen. Sicher ist jedenfalls, dass Eco zwischen den Zeilen seiner Romane, die natürlich auch für andere Lesarten offenbleiben, einen gezielten Angriff startet, um jede Art von komplottistischer Häresie zu diskreditieren und seine Leser vor dieser ernsten Gefahr in Alarmbereitschaft zu versetzen.

In theoretischer Hinsicht ist Ecos Ansatz zunächst nicht besonders originell. Er knüpft im Wesentlichen an Popper an, dem zufolge der Komplottismus eine kompensatorische Reaktion auf das Schwinden der Gottesidee in der westlichen Vorstellungswelt ist. Keine Instanz scheint mehr das Gute zu verbürgen und vor allem das Böse zu verantworten. Diese unvollendete Säkularisierung mache die heutige Gesellschaft angreifbar, setze sie dem Irrationalismus aus. Der Glaube an ein Komplott wäre damit ein Aberglaube, der einen von jeglicher Verantwortung befreit.

Eco geht jedoch darüber hinaus und sieht im Komplottismus das gefährlichste Phänomen moderner Irrationalität, indem er ihn als eine posthume Neuauflage des antiken Hermetismus und Gnostizismus darstellt. Aber warum? Wie können eine philosophisch-theologische Strömung wie die Hermetik und ein Komplex initiatischer Lehren wie der Gnostizismus, die beide in der hellenistisch-römischen Welt aufblühten, antike Präfigurationen des heutigen Komplottismus darstellen?

Ecos Vorwurf richtet sich an die Anhänger des Hermes, jenes unbeständigen und vieldeutigen Gottes – Vater der Künste, aber auch Schutzpatron der Diebe –, in dessen Mythos die Prinzipien der Identität, des Nichtwiderspruchs sowie des ausgeschlossenen Dritten außer Kraft gesetzt scheinen, während sich die Kausalketten in unendlichen Spiralbewegungen um sich selbst winden. Die Hermetiker gingen von einem Buch zum nächsten, bei ihrer obsessiven Interpretation einer Wahrheit, die sich ihnen ständig entzog, der krampfhaften Suche nach den geheimen Fäden, die »alles zusammenhalten«. Noch härter fällt das Urteil bezüglich der Gnostiker aus, die sich in ihrer Überzeugung, in eine aus dem Bösen hervorgegangene Welt »geworfen« zu sein, einem Gefühl des Misstrauens und der Entfremdung hingeben würden. Und weil sie sich exiliert, verbannt und von Grund auf unbehaglich fühlen, würden sie eine Verachtung für diejenigen entwickeln, die nicht dieselbe durchdringende Negativität empfinden, und sich anmaßen, einen Auftrag zu haben, der dem des Übermenschen gleichkomme. Sowohl die Hermetiker als auch die Gnostiker geraten ins Fadenkreuz, weil die Anhänger beider Sekten »in einer Zeit der politischen Ordnung und des Friedens«, nämlich der des Römischen Imperiums, in dem alle Völker »durch eine gemeinsame Sprache und Kultur vereint zu sein scheinen«, diese Ordnung irrational infrage stellen würden.[54] Während die Hermetiker sich ihrer traumähnlichen Illusion hingeben, die Welt zu verändern, hegen die Gnostiker den Wunsch, diese zu vernichten.

Auf der einen Seite die Dekonstruktion, auf der anderen die Destruktion. Die Pfeile Ecos zielen letzten Endes auf die neuen Hermetiker und Gnostiker, die er in den Vertretern all jener kulturellen, philosophischen und politischen Strömungen – vom Strukturalismus bis zur Hermeneutik – ausmacht, die zu seiner Zeit vorherrschend waren. Im Übrigen fehlt es auch nicht an ausdrücklichen Verweisen auf Nietzsche, Heidegger, Deleuze, Foucault, Gadamer, Derrida, Chomsky usw. Dies also ist die irrationale und wissenschaftsfeindliche postmoderne Kultur, die das Vertrauen in den Fortschritt zerstört und die Ordnung eines friedlichen und in sich einheitlichen Zeitalters infrage stellt. Diesmal jedoch ist es nicht die Pax Romana, deren Gewalt und Repressionen Eco verdrängt haben mag, sondern die Pax Democristiana. Im Hintergrund der Analysen zeichnet sich das von erbitterten politischen Konflikten, aber auch terroristischen Anschlägen, Putschversuchen und brutalen Attentaten – wie der Entführung und Ermordung Aldo Moros – erschütterte Italien ab, über dem der Schatten abtrünniger Geheimdienste schwebt.

Doch jenseits seines Urteils über diese Zeit und des fragwürdigen instrumentellen Schachzugs, mit dem er Strömungen der Antike der Gegenwart assimiliert, liegt das eigentliche Problem im einhelligen Stigma der »Irrationalität«, mit dem er den Komplottismus und dessen vermeintliche Vorwegnahmen brandmarkt. Was sind seine Gründe dafür und auf welche Rationalität beruft sich Eco hier? Was sind die Kriterien, anhand derer er klar und deutlich zwischen tatsächlichen Komplotten und einem Syndrom des Komplottismus unterscheiden zu können meint?

In den Romanen bleibt diese Grundhaltung bestehen – nur tritt die Fiktion an die Stelle der Denunziation, und es kommt den literarischen Figuren zu, die Züge der hermetisch-gnostischen Irrationalität des Komplottismus ans Licht zu bringen. Da ist nicht nur Simonini, der Archetyp des eingefleischten Hasspredigers und Verfälschers, der die *Protokolle*, das Evangelium des modernen Antisemitismus, verfasst. Noch emblematischer ist Belbo, der Protagonist des Romans *Das Foucaultsche Pendel* (ein Titel, über dessen Assonanzen ausgiebig diskutiert wurde), der Zuschauer einer Welt, in der keinerlei Handeln mehr möglich scheint. Von Ohnmacht und Frustration getrieben, nimmt er schließlich zu heterodoxen Überzeugungen Zuflucht und begibt sich tief in esoterische und sektiererische Kreise hinein. Auch seine Freunde Casaubon und Diotallevi sind von einer Art borniertem Okkultismus ergriffen, der sie an die Existenz eines kosmischen Komplotts glauben lässt. Doch am Ende erliegen alle drei der Zerstörungskraft ihrer eigenen Visionen, einer leichtfertigen Beschwörung des Falschen, das real wird, und des Realen, das sich als falsch erweist. Hinter ihrer imaginierten Apokalypse zeichnet sich der Schrecken sowohl der italienischen als auch der gesamteuropäischen »bleiernen Jahre« ab.

Das Komplott, das den Hintergrund für den ersten Roman *Der Name der Rose* bildet, ist hingegen direkt von den biblischen Prophezeiungen der Apokalypse inspiriert. Wenn der alte Mönch Jorge da Burgos das verhängnisvolle Manuskript, die letzte erhaltene Abschrift des zweiten Buches der *Poetik* des Aristoteles, das der Komödie und dem Lachen gewidmet ist, mit Gift bestreuen kann, dann deshalb, weil er sich aufgrund seiner komplottistischen Überzeugungen nur als Vollstrecker, nicht aber als Schuldiger der zahlreichen damit verbundenen Todesfälle sieht, die bereits in einen göttlichen Plan eingeschrieben sind. Das Heilige vermischt sich im Rahmen einer gescheiterten Säkularisierung und einer unvollendeten Moderne mit dem Profanen: So löst Eco das Rätsel eines jeden Komplotts auf.

Der Zeigefinger richtet sich gegen die radikale Linke, diese komplottistischen Neognostiker, die – von einem apokalyptischen Delirium ergriffen, das in zerstörerischen Wahnsinn umschlagen kann – ein »Endereignis« erwarten, »das für die Welt den Umsturz, die Zerstörung, die erneuernde Katastrophe bringt.«[55] Aber zusammen mit der radikalen Linken erstreckt sich die Verurteilung auch auf die damalige Kultur und Philosophie, die dieser zugrunde liegen und in denen Eco zumindest im Keim die ausgemachte komplottistische Häresie angelegt sieht.

Als moderne Variante eines antiken Obskurantismus, als kulturelle Regression und Rückfall in ein vorrationales Stadium der Zivilisation wird der Komplottismus von Eco im Namen des zunächst aufklärerischen und sodann positivistischen Rationalismus abgekanzelt. Dies wäre demnach die einzig zulässige Linie der westlichen Evolution, die trotz eigener irrationaler Irrwege wie des techno-szientifischen Ideals stetig voranschreitet. Dabei scheint es keine Rolle zu spielen, dass eben jene Rationalität Krisen verursacht und die Welt zunehmend unlesbar gemacht hat. Eco glaubt fest an den Fortschritt; in seiner fatalistischen Geschichtsauffassung bleibt kein Platz für dissonante Irrationalitäten.

Umberto Eco, die offizielle Stimme des gemäßigten Progressismus, der im Italien der »gegensätzlichen Extremismen« als Sieger hervorgegangen ist, der scharfsinnige Interpret eines Zeitgeistes der konformistischen und befriedenden Verdrängung, macht aus der humanistischen Kultur eine spielerische Aktivität, einen gelehrten Zeitvertreib, an dessen Ende die Rationalität des allenfalls hier und da verbesserungsfähigen Status quo bekräftigt wird. Der Komplottismus wird zum Feind Nummer eins, insofern als er das Erbe der Philosophie des Verdachts antritt, die Eco ein steter Dorn im Auge ist. Doch dieser manierierte, scheinbar gutmütige, im Grunde jedoch rigide Antikomplottismus ist schließlich nicht in der Lage, das Phänomen in all seiner Komplexität zu betrachten und mögliche Auswege aufzuweisen.

Transparenz und Geheimnis. Zur Presse

Der Wunsch nach Transparenz durchdringt die Demokratie von Grund auf, er stützt und beunruhigt sie zugleich. Aufklären, ausleuchten, enthüllen, entlarven, enträtseln, entziffern, auflösen – um so endlich zur Wahrheit zu gelangen. Keine Geheimnisse mehr, keine Lügen oder Machenschaften. Anschein und Wirklichkeit müssen exakt übereinstimmen. Und jeder Verdacht wird überflüssig sein.

Komplottisten sind überzeugte Verfechter der Transparenz. Anders als man vermuten könnte, flüchten sie sich nicht so sehr in Aberglauben und Irrationalität, sondern sind hyperrational und entpuppen sich bei näherem Hinsehen als die extremistischsten Erben aufklärerischer Ideale. Alles, was verborgen ist, muss ans Licht gebracht werden – das Okkulte, Arkane, Verschwiegene besitzt keine Daseinsberechtigung mehr. Mehr noch: Das Geheimnis als solches soll abgeschafft werden. Um es ganz unverblümt (und mit einer Portion des inzwischen gewohnten Manichäismus) zu sagen: Das Gute ist das normative Prinzip der Transparenz, und das Böse dasjenige, was dieser im Wege steht: also die korrupten Eliten, die okkulten Mächte, die verlogenen Medien. Schließlich liegt die Macht im Geheimnis.

Es war Georg Simmel, der in einem bedeutenden Aufsatz von 1908 die ambivalenten Auswirkungen hervorhob, die das Geheimnis im sozialen Leben mit sich bringt. In diesem Zusammenhang sei daran erinnert, dass das lateinische Wort *secretum* von *secernere* abstammt, was so viel heißt wie beiseitelegen, abtrennen, ausschließen. Was geheim ist, wird abgetrennt, abgesondert, zurückgestellt und in diesem Sinne verborgen gehalten. Simmel insistiert auf den »Attraktionen des Geheimnisses«, die stets einen Anschein des Bedeutsamen und Exklusiven vermitteln und eine Ausnahmestellung gewähren.[56] Das Prestige des Geheimnisses, das Ansehen, das es genießt und verleiht, die Suggestion, die es ausübt, hängen demnach nicht von seinem Inhalt ab, der ebenso gut auch vollkommen leer sein kann. Der hieran anschließende Schritt – fügt Simmel hinzu – kommt einem typischen Irrtum, einer systematischen Umkehrung gleich, wonach in den Augen der meisten Menschen jede höhere Persönlichkeit ein Geheimnis haben muss. Man nimmt an, dass diejenigen, die Macht innehaben, über zusätzliches, mithin okkultes Wissen verfügen. Also wird das Geheimnis verteufelt und dämonisiert. Und doch steht nicht das Geheimnis mit dem Bösen, sondern das Böse mit dem Geheimnis in einem unmittelbaren Zusammenhang. Wohl versuchen die Niederträchtigen, Unsittlichen und Unehrlichen, sich zu verbergen, nicht aber ist dies bei den Redlichen und Aufrichtigen der Fall.

Man erahnt, warum das Geheimnis einerseits eine Schranke darstellt und andererseits einen ständigen Ansporn bildet, diese zu durchbrechen. Die Versuchung, zu übertreten, zu entweihen, zu verraten, ist bereits Teil der »Attraktion des Geheimnisses«. Der Drang zur Aufklärung steigt in einer demokratischen Gesellschaft jedoch schnell ins Unermessliche. Die zum absoluten Wert und zur übergreifenden Norm erhobene Transparenz duldet keinen Rest an Unklarheit oder Undurchsichtigkeit mehr. Und genau hier kann der Komplottismus Wurzeln schlagen, der verspricht, mit einem beherzten Schlussstrich jedes Geheimnis auszulöschen, umgehend jedes Rätsel zu lösen. Dabei genüge es, zum Kern des Geheimnisses vorzudringen, um es verschwinden zu lassen. Diese Entsakralisierung entspricht auf ganzer Linie dem Geist der Moderne, der mehr oder weniger expliziten Verpflichtung, nichts zu verbergen, dem unbedingten Imperativ der »Öffentlichkeit«.

Doch der Versuch, alles ans Licht zu bringen, erzielt letztlich den gegenteiligen Effekt. Hinter jedem enthüllten Komplott vermutet man ein noch hintergründigeres. Während so das Geheimnis wieder auftaucht, wirft das Unsichtbare weiter seine Schatten. Nun allerdings nicht mehr in ein göttliches Jenseits, sondern im allzu menschlichen Raum, der von Gespenstern, niederträchtigen Feinden, okkulten Mächten bevölkert wird. Auf diese Weise nährt die Informationsgesellschaft die Vorstellung der Geheimgesellschaft. Jede Enthüllung birgt ein neues Geheimnis, das es fortan zu lüften gilt. Information wird zu einer Maschine, die eine noch tiefere Dunkelheit erzeugt. Denn das Bedürfnis nach Offenbarung bleibt unerschöpflich in einer Welt, die es noch nicht geschafft hat, sich vom Absoluten zu verabschieden. Allein die Gewissheit, dass es sich um ein Komplott handelt, kann alle Zweifel ausräumen und die Spirale unterbrechen. Die Norm der Transparenz bildet daher die Kehrseite des Komplottismus.

Die Illusion, des Rätsels Lösung gefunden zu haben, dem Ganzen endlich auf den Grund gegangen zu sein, weicht sehr bald bitterer Ernüchterung und Frustration. Anstatt zu einem geordneten und lesbaren Universum zu gelangen, scheint die Welt wieder im Chaos zu versinken. Absurdität und Unsinn obsiegen erneut, während überall Ungesagtes und unbeantwortete Fragen auftauchen. In dieser Kluft zwischen dem Traum von Transparenz und dem Wiedererwachen im dunklen Gang der Dinge, zwischen dem Trugbild von Unmittelbarkeit und dem Anprall an der Undurchsichtigkeit blüht und gedeiht der Komplottismus.

Der verlorene und orientierungslose Bürger, der nicht in der Lage ist, sich in der zunehmenden Komplexität zurechtzufinden, dem es nicht gelingt, die ihn überschwemmende gewaltige Informationsflut zu prüfen und zu interpretieren, wird zu einem potenziellen Komplottisten. Allzu viele Daten, zu viele Meldungen und Nachrichten sowie ein Strudel von verschiedenen, oft gegensätzlichen Versionen. Wem soll man glauben? Sicherlich nicht der »offiziellen Version«, die von den mit den »Mächtigen« im Bunde stehenden Medien verbreitet wird, den Komplizen der »okkulten Kräfte«, die wenn überhaupt ein Interesse daran haben, Skandale zu vertuschen, um sich so aus ihrer Verantwortung zu stehlen. Um die hintergründige Wahrheit aufzudecken, muss man vielmehr über die »offizielle Desinformation« hinausgehen. Wer bei ihr stehen bleibt, ist schlicht naiv: »Es ist schließlich bekannt, dass die uns hinters Licht führen«, »man weiß doch, dass die uns nur eine Seite der Geschichte erzählen«, »es ist nun mal klar, dass sie die entscheidenden Dinge vor uns verheimlichen«.

Der ehrliche, bedächtige und besorgte Bürger wendet sich sodann alternativen Informationsquellen zu und widmet sich der unerschöpflichen Entschlüsselung des Zeitgeschehens. Er schlüpft in die Rolle des wachsamen und unbestechlichen Ermittlers, des redlichen Gegenexperten, des heroischen Wahrheitssuchers. Also wagt sich dieser neue Sherlock Holmes, der allen Schmeicheleien und Manipulationen widersteht, in die dunklen Unterwelten der politischen und medialen Macht vor. Er identifiziert sich voll und ganz mit einer »polizistischen« Weltsicht, spitzt die Ohren und schärft seinen Blick, um ja kein Indiz zu übersehen. Er wird nicht nur zum Detektiv, sondern auch zum Ökonomen, zum Virologen, zum Klimaforscher, Ernährungswissenschaftler, Historiker, geopolitischen Strategen. Denn letzten Endes sei »Fachwissen nichts anderes als eine Erfindung der Eliten, um das gemeine Volk zum Schweigen zu bringen«. Und in diese Falle wird er mit Sicherheit nicht tappen. Er ist scharfsinniger, mutiger und geistreicher als andere – bereit, das »System«, die »starken Mächte« und die »Neue Weltordnung« schonungslos und mit deutlichen Worten herauszufordern. Mitunter ein wenig unbescheiden gesteht er sich sogar das erhebende Gefühl ein, einer erleuchteten Aristokratie anzugehören. Der narzisstische Auftrag des Dissenses spornt ihn an: Er fühlt sich mit einer heiligen Mission betraut. Er sucht die Wahrheit gegen alle und jeden, Tag und Nacht. Und wartet darauf, schon bald den Schleier zu zerreißen.

Inmitten von Träumen und Delirien von Allwissenheit und Allwachheit verpasst er keine investigative Reportage, er liebt Krimis und den Roman noir, Fiktion aus der Gegenperspektive, alternative Geschichtsrekonstruktionen. Er hütet sich eifersüchtig davor, die Zeitungen des Mainstreams zu lesen, um ja nicht manipuliert zu werden, und landet bald darauf im Internet, um einen Blog zu eröffnen und sich seinen eigenen Raum zu schaffen, in dem er ohne Tabus Dokumente veröffentlichen kann, die man lieber geheim halten würde, schlüssige Beweise für das, was man bereits vermutete. Das summiert sich langsam, und alles geht auf. Die Zahl der Follower steigt.

Dieser vermeintliche Freidenker entpuppt sich jedoch oft als nur scheinbar harmloser Denunziant, der unkontrollierte Gerüchte verbreitet, zu Hexenjagden aufruft, Menschen an den medialen Pranger stellt und Sündenböcke erfindet. Naturheilmittel zieht er der Schulmedizin vor und schüttelt über Impfstoffe nur mit dem Kopf. Und natürlich spielt er die Shoah herunter oder leugnet sie gleich ganz. Das kann so weit gehen, dass Hasskampagnen geschürt werden, bis hin zur handfesten Gefährdung des Lebens anderer.

Ist das schon freies Denken oder eher dessen Karikatur? Dieser Konformist des Nonkonformismus teilt fast immer die üblichen Banalitäten und Plattitüden, die er nur übernimmt, als seien sie bewiesen. Die Lust an der Wiederholung macht ihn zu einem unersättlichen Konsumenten von Makro- und Mikrokomplotten – ein beruhigender Konsum, den er deshalb selbst erfolgreich fördert. Sein methodischer Zweifel, der nur wenig mit Descartes zu tun hat, ist eine strategische Haltung. Alles zu glauben und nichts zu glauben, bilden die zwei Seiten derselben Medaille. Hinter der Maske des komplottistischen Hyperskeptikers verbirgt sich schließlich der Leichtgläubige. Wie Marc Bloch es ausgedrückt hat: »Prinzipielle Skepsis ist aber als intellektuelle Haltung nicht unbedingt produktiver und redlicher als Leichtgläubigkeit; bei manchen schlichten Gemütern lässt sich übrigens beides zugleich beobachten.«[57] Der Komplottist ist in seinen eigenen, unverdächtigen Zweifeln gefangen, die das Fundament und die Berechtigung seines Daseins darstellen. Eher als ein kritischer Geist ist er ein archischer Prophet, eher als ein Erbe des aufklärerischen Credos ein Adept des Okkultismus, gerade weil er davon besessen ist, den die Wahrheit verbergenden Schleier endlich zu lüften. Und der Okkultismus ist – wie Adorno bemerkte – nichts als »die Metaphysik der dummen Kerle«[58].

Dies bedeutet nicht, Transparenz als solche zu missbilligen oder abzulehnen, die im Gegenteil eine legitime Forderung und einen zu realisierenden Wert darstellt. Im Zeitalter weltumspannender Verflechtungen, in dem das wechselseitige Vertrauen auf eine harte Probe gestellt wird, gibt es wohl niemanden, der Klarheit, Aufrichtigkeit und Eindeutigkeit in zwischenmenschlichen Beziehungen ebenso wie in wirtschaftlichen, politischen und institutionellen Verhältnissen nicht befürworten würde. Wir brauchen dabei im Übrigen nur an die außerordentlichen Resultate der letzten Jahre zu denken.

Die *Swiss Leaks*, die *Panama-* sowie die *Paradise Papers* haben seit 2008 in mehreren Anläufen die Steuerhinterziehungen und die zwielichtigen Praktiken des internationalen Finanzkapitals aufgedeckt. 2010 warf die Veröffentlichung von 91 000 Militärdokumenten scharfes Licht auf den schmutzigen Krieg des Westens im Irak und in Afghanistan, der auf Lügen und Grausamkeiten beruhte. Ganz zu schweigen von den 2011 in Umlauf gebrachten Geheimakten, die vor den Augen der Welt die juridische Monstrosität und systematische Unmenschlichkeit des Lagers von Guantánamo enthüllten. Die unermüdliche Arbeit des »Internationalen Netzwerks investigativer Journalisten«, eines Konsortiums von nahezu über die ganze Welt verstreuten Reportern und Medien, hat die Kartelle der multinationalen Konzerne, den Drogenhandel und die Geldwäsche krimineller Organisationen, den Waffenschmuggel und allerart humanitärer Verbrechen aufgedeckt. Vor allem aber hat sie die unerträgliche Doppelzüngigkeit vieler Politiker entlarvt und einen Schatten der Schande auf all jene geworfen, die das Gemeinwohl zu ihrem eigenen Vorteil ausnutzen.

Also scheint es gut, die Paläste der Macht für die Bürger zu öffnen, damit alles zugänglich und einsehbar ist. Es ist schließlich bekannt, dass sich die Macht mit dem Geheimnis verhüllt, sich hinter dem Schleier des Arkanen verbirgt und im Zwielicht des Okkulten Zuflucht sucht. Willkommen sei also der digitale Windstoß der Information, der unaufhaltsam durch die immateriellen Drähte weht, die nebulösen Praktiken der Macht durchleuchtet und erhellt.

Reporter, Aktivisten, Hinweisgeber, Whistleblower und Informanten haben sich die Transparenz bzw. – wie man in der englischsprachigen Welt sagt – *accountability* auf die Fahnen geschrieben. Unter ihnen ragt Julian Assange hervor: Mit *WikiLeaks* und der Veröffentlichung von Millionen zuvor versiegelter Daten hat er vielfältige Reaktionen hervorgerufen. Doch abgesehen von seiner Figur, dem anarchischen Cyberaktivisten und seinen emblematischen existenziellen und politischen Entscheidungen, bleibt die Frage offen, wie Information heute zu verstehen ist.[59] Wie gesehen, besteht eine Annahme darin, dass die Macht in Form globaler Governance ein Komplott ist und dass die einzig mögliche Strategie der Gegenmacht in einem Gegenkomplott liegt, das durch die systematische Enthüllung der Geheimnisse der Eliten verwirklicht werden kann. Es ist jedoch schwer zu glauben, dass diese Art von Handlungsmacht auf Dauer die gewünschten Ergebnisse erzielt. Es reicht nicht aus, zu entlarven und geheime Informationen und Daten sofort für jedermann zugänglich zu machen, die zudem zumeist nicht kontextualisiert sind und daher unlesbar bleiben. Was soll man mit ihnen anfangen? Die Gefahr besteht darin, die Transparenz als wichtiges Mittel des politischen Kampfes zum reinen Selbstzweck zu machen.

Eine manichäische Auffassung von Transparenz kann schließlich zu Verzerrungen führen. Was ein emanzipatorisches Potenzial zu besitzen scheint, entpuppt sich als Instrument der Herrschaft. Wer überwacht, stellt fest, überwacht zu werden. Die Bürger, die von der totalen Aufklärung träumen, laufen Gefahr, dem ständigen Verdacht ausgesetzt zu werden, einem Regime der unkontrollierten Sichtbarkeit, der panoptischen Überwachung, in dem eine permanente Inquisition herrscht.

Sich im diaphanen Kristallpalast zu bewegen, ist nicht ganz einfach, insofern als man ständig gegen die unsichtbaren Wände zu laufen droht. Transparenz täuscht – der Traum wird zum Albtraum. Auch ihre hellsten und aufgeklärtesten Anhänger müssen anerkennen, dass der fideistische Glaube an die höchsten Himmel der Transparenz – wie Vladimir Nabokov in seinem Meisterwerk *Durchsichtige Dinge* warnt – nichts als Blendwerk ist. Den eifernden Aposteln der absoluten Transparenz muss vielmehr mit Baruch de Spinoza das Recht auf das Geheimnis entgegengesetzt werden[60] – in der Politik, wie im Leben. Womöglich besteht genau darin das unabdingbarste Recht in der Demokratie.

Der Mythos der Transparenz kann aber auch aufgrund des reduktiven Verständnisses von Wahrheit, das er suggeriert, schädigend wirken. Es wird davon ausgegangen, dass auf alle Vermittlung verzichtet werden kann, man imaginiert stattdessen die reine Unmittelbarkeit: Das Auge gleicht sich dem Bild an, und der Verstand an die Wirklichkeit. Der Schleier wäre endlich zerrissen, und man könnte die objektive Wahrheit mit Händen greifen und sie in die eigene Tasche stecken, als handelte es sich um ein exklusives Eigentum. Die reale Welt würde reproduziert, ja exakt dupliziert werden. Jegliche Vermittlung wäre überflüssig, wenn nicht sogar abträglich.

Auf diese Weise aber wird die Rolle der Medien infrage gestellt und bereits von Grund auf angefochten. Und genau dies geschieht inzwischen tagtäglich: Die gesamte Presse sei ein einziger Betrug, alle Informationskanäle manipuliert. Es sei deshalb geboten, sich vor Mystifizierung zu schützen, vor der Täuschung, vor der ständigen Verzerrung der Wirklichkeit, sich vor der verdeckten Überzeugungsarbeit in Acht zu nehmen. Es sei daher besser, ins Netz auszuwandern, um unmittelbar auf die Quellen zuzugreifen und sich seine eigene Meinung zu bilden. Leider lauern aber gerade dort Täuschung und Manipulation.

Die gleiche unbedarfte Betrachtungsweise der Macht betrifft auch die Presse. Als ob Unmittelbarkeit wirklich möglich, als ob Vermittlung nicht stets notwendig wäre. Natürlich bieten die Medien keinen direkten Zugang zur Realität; wo sie dies versprechen, sind sie entweder unredlich oder verleugnen sich selbst. Mystifizierung greift vielmehr dann um sich, wenn etwaige Finanzierungsquellen verschwiegen werden und vor allem, wenn eine Neutralität vorgetäuscht wird, die es nicht geben kann.

Es gibt keine eine große Wahrheit, die vom postmodernen Relativismus unterlaufen würde, der für die das Internet überschwemmenden Fake News verantwortlich gemacht werden könnte. Wie Stanley Fish kürzlich in einem Artikel in der *New York Times* erklärte, ist es gerade das Fehlen von Vermittlung, eines Filters, das die Entstehung von Fake News begünstigt. Ohne einen interpretativen Kontext erhält man nämlich nur »unzählige Bausteine (wie Lego), die von einem cleveren verbalen Ingenieur zu jedem erdenklichen Entwurf zusammengesetzt werden können«.[61] Die Nachrichten aus dem Blog eines Teenagers wären also in ihrer Unmittelbarkeit um einiges zuverlässiger. Das Misstrauen gegenüber den etablierten Zeitungen und akkreditierten Informationsquellen zeitigt katastrophale und noch nicht zu überschauende Folgen. Es entspringt der politischen Auflösung der Interpretationsgemeinschaft und trägt seinerseits wiederum entscheidend zu ihrer weiteren Auflösung bei.

Lob des Verdachts

Kann ernstlich versucht werden, der sich immer weiter ausbreitenden komplottistischen Krankheit mit der Medizin des kritischen Denkens entgegenzuwirken? Die Antwort ist nicht selbstverständlich. Die Bücher, Essays und Artikel, die – und das ist die überwiegende Mehrheit – mit einer letztinstanzlichen Verurteilung des Komplotts schließen, versäumen es zumeist nicht, Seitenhiebe gegen die Kritische Theorie, die sogenannte »Postmoderne«, die Dekonstruktion, die Hermeneutik des Verdachts und – warum auch nicht? – gegen den Verdacht selbst auszuteilen.

Wenn Fake News im Umlauf sind, wenn das Postfaktische Konjunktur hat, wenn Pseudonachrichten, irreführende oder frei erfundene Informationen mühelos Verbreitung finden, so deshalb, weil nicht mehr zwischen wahr und falsch unterschieden werde. Daran seien all jene schuld, die ganz im Sinne Nietzsches glauben: »Nein, gerade Tatsachen gibt es nicht, nur Interpretationen.«[62] Adorno, Horkheimer und die Frankfurter Schule bleiben von diesem Vorwurf vielleicht gerade noch verschont, da sie mitunter die Ersten waren, die das Nachdenken über Propaganda, Totalitarismus und die autoritäre Persönlichkeit in Gang gebracht haben. Die Aufmerksamkeit verlagert sich auf daran anschließende Etappen des Denkens, auf bestimmte Weiterentwicklungen des Marxismus, auf die Psychoanalyse, die zeitgenössische Philosophie. Unter dem vielsagenden Titel »Human Science as Conspiracy Theory«, also Geisteswissenschaft als Verschwörungstheorie, veröffentlichte Martin Parker einen Artikel, in dem diese Komplizenschaft bereits ohne Umschweife behauptet wird.[63] Die These ist dazu bestimmt, in mehr oder minder impliziter Form vor allem im angloamerikanischen Kontext weiter zu zirkulieren, wo der »Postmodernismus« wegen der Desillusionierung, des prinzipiellen Misstrauens und der relativistischen Perspektive, die er unmittelbar nach sich zöge, belangt wird. Der Komplottismus wäre, kurz gesagt, die schale und kranke Frucht, das perverse Resultat jener Loslösung vom »Realen«, die für postmoderne Erzählungen charakteristisch ist.[64]

Auch anderswo wird dieser Zusammenhang aufgegriffen und nicht nur in einer kulturellen, sondern ebenso in einer politischen Perspektive gelesen. So ironisiert Bruno

Latour die gemeinsame Ursprungsbezeichnung, die er in allen »Komplotttheorien« zu erkennen glaubt: »Made in Criticalland«, hergestellt im Land der Kritik.[65] Man kann daher sagen, dass Boltanskis Buch über das Komplott nicht nur ein Versuch ist, zwischen denen, die ein falsches Komplott instrumentalisieren, und denen, die wahre Missstände anprangern, zu unterscheiden, sondern auch, die kritische Sozialwissenschaft, die selbst des Komplottismus bezichtigt wird, zu verteidigen.[66] Das Risiko besteht darin, mit einer ähnlich gelagerten Anschuldigung jedwede Form von Kritik zum Schweigen zu bringen.

Der springende Punkt ist hier sicherlich der Verdacht und dessen sinnvoller Gebrauch. Mit Argwohn auf die Dinge zu blicken, der erstbesten Version der Fakten keinen Glauben zu schenken, die Quellen und ihre vermeintliche Neutralität infrage zu stellen und zu interpretieren, indem man hinter und über sie hinausschaut, ist eine unverzichtbare Übung in Exegese und Urteilsvermögen. Nichts anderes lehrt letztendlich bereits die marxistische Kapitalismuskritik.

Der Verdacht wurde im Laufe des 20. Jahrhunderts zu einer spezifisch philosophischen Kategorie erhoben, genauer gesagt, als Paul Ricœur 1965 mit Blick auf Marx, Nietzsche und Freud die glückliche Formulierung »Hermeneutik des Verdachts« prägte.[67] Was diesen drei scheinbar weit voneinander entfernten Meistern gemein ist, ist das Motiv der »Entmystifizierung«, die sich nicht nur auf das Objekt sowie alles, das sich als »objektiv« behaupten will – angefangen mit der Wahrheit –, sondern auch und gerade auf das Subjekt selbst richtet. Der kartesische Philosoph zweifelt an allem, nur nicht an seinem eigenen Bewusstsein, das er vielmehr als Quelle aller Gewissheit betrachtet. Die drei Meister hingegen säen, jeder auf seine eigene Weise,

Zweifel innerhalb der kartesischen Festung. Es gibt keine Unmittelbarkeit mehr, auch nicht für das Bewusstsein, das keinerlei Gegebenheit direkt wahrnimmt, von einer irreduziblen Fremdheit durchkreuzt wird und nicht umhin kann anzuerkennen, dass es immer schon beeinflusst, konditioniert und manipuliert ist. Sind unsere Träume, Illusionen und Hoffnungen wirklich die unsrigen?

Diese Frage ist der Ausgangspunkt für eine immer eindringlichere Kritik des komplexen Dispositivs der Macht und ihrer mikrophysikalischen Rückwirkungen auf das Selbst, die Beziehung zu anderen, zur Welt. Weniger Arglosigkeit also, weniger falsches Bewusstsein und trügerische Unschuld, mehr Besonnenheit, Umsicht und Scharfsinn: Das ist die Richtung, die die »Hermeneutik des Verdachts« vorgibt. Dies bedeutet – wie manche dachten und noch immer glauben – keineswegs eine vorschnelle Abkehr von der Realität, den nihilistischen Schwindel eines abgesetzten und aufgelösten Selbst, eine Pulverisierung der Wahrheit, die sich in eine Mannigfaltigkeit gleichgültiger Meinungen auflöst. Solche Verunglimpfungen der Hermeneutik, aber letztlich auch des Verdachts selbst, sind nichts als tendenziös. Sie werden für gewöhnlich von denjenigen vorgebracht, die im alleinigen Besitz der wahren Wahrheit zu sein glauben und sich daher weigern, sie in der Auseinandersetzung mit anderen mühevoll zu suchen. Wenn überhaupt, dann sollte man sich vor solchen Positionen einer bisweilen groben und einfältigen, anmaßenden und heimtückischen Prä-Potenz in Acht nehmen.

Heutzutage ist der Verdacht mehr denn je zu loben und zu verteidigen. Was nicht heißt, diesen zu verdinglichen, wie es bei den Zweifeln der Hyperskeptiker der Fall ist, die am Ende zu Leichtestgläubigen werden. Einen unbegrenzten Verdacht zu praktizieren bedeutet, in die komplottistische Spirale des Indizienparadigmas hineingezogen zu werden, in die Obsession des flüchtigen Hinweises, der für einen Beweis genommen wird, der Spur, die als Bestätigung gilt. Die Existenz wird dann zu einer zermürbenden Enquete, die stets auf eine endgültige Antwort lauert, um damit allen Fragen ein Ende bereiten zu können. Jeder verdächtigt jeden, ist misstrauisch und ängstlich, sieht überall nichts als Spitzel und Spione in einem durchweg paranoiden Universum, wie es sowjetische Schriftsteller meisterhaft beschrieben haben, allen voran Michail Bulgakow. Allein die Denunziation scheint einen Ausweg darzustellen. Doch bei dieser schlaflosen Nachforschung ist man nicht ausreichend misstrauisch gegenüber dem eigenen Misstrauen, man verdächtigt den eigenen Verdacht nicht mehr.

Wird er zu einem Dogma, einem unverhandelbaren Postulat, einem unwiderruflichen Lebensprinzip erhoben, verwandelt der Verdacht sich in ein Gefängnis, in dem sich der vermeintliche Freigeist zwischen heimtückischer Missgunst und naiver Leichtgläubigkeit verbarrikadiert. Dieser Umschlag kann jedoch nicht der Hermeneutik, der Dekonstruktion oder der Kritischen Theorie angelastet werden, die vielmehr ein erprobtes Gegenmittel zum Komplottismus darstellen. Man sollte hingegen erkennen, dass der hyperbolische Verdacht – dieser Zusammenbruch des gegenseitigen Vertrauens, im Zuge dessen sich ein jeder in einer extremen und rücksichtslosen Konkurrenzsituation verletzlich und jedem möglichen Unglück ausgesetzt fühlt, ohne noch auf die Hilfe der anderen zählen zu können – aus der Marktgesellschaft, der verbreiteten Prekarität, der umfassenden Ungewissheit und der systematischen Phobokratie resultiert, jener Herrschaft der Angst, die für die neoliberale Governance kennzeichnend ist.

Jemanden einen »Komplottisten« zu nennen, bedeutet mit Sicherheit nicht, ihm ein Kompliment zu machen. Vielmehr handelt es sich um ein stigmatisierendes Etikett, das als Strategie des Ausschlusses dienen kann, indem es den Gesprächspartner disqualifiziert und damit zugleich auch seinen Dissens delegitimiert.[68] Dass es niemand aus freien Stücken für sich beanspruchen würde, ist dafür nur ein Beleg. Will man das Dementi stattdessen bereits vorwegnehmen, um so jede Anschuldigung im Vorhinein zu entkräften, sagt man: »Ich bin ja kein Komplottist, aber …« Letzten Endes ist der Komplottist stets der andere. Man muss daher letztlich Noam Chomsky Recht geben, der als einer der Ersten vor dem Missbrauch dieses Begriffs gewarnt hat.[69] Die pejorativen Untertöne, die im Terminus »Komplottist« mitschwingen, untergraben die Glaubwürdigkeit des anderen, ziehen einen bestimmten Standpunkt ins Lächerliche und relegieren ihn so aus dem öffentlichen Raum, dem Reich des »rationalen Diskurses«. Es ist fast überflüssig hinzuzufügen, dass solche Stigmatisierung insbesondere von denen betrieben wird, die – bewusst oder unbewusst – aufseiten der »offiziellen Version« stehen.

An diesem Punkt angelangt, werden für gewöhnlich die Kriterien von wahr und falsch herbeigezogen, indem man versichert, dass Unterscheidungen anhand objektiver Regeln und Prinzipien getroffen und so jegliche Missverständnisse und Kontroversen vermieden werden können. In diesem Sinne glaubt die Mehrzahl, dass »Verschwörungstheorien« so genannt werden, weil sie sich auf imaginäre Komplotte beziehen, die in der Realität nie existiert haben, sondern allenfalls vermutet oder sogar völlig frei erfunden werden – mehr oder weniger wie Fake News. Die Untersuchung der Fakten wird also entscheidend. Die Überprüfung soll jeden Zweifel ausräumen und selbst die überzeugtesten Komplottisten, die die »offizielle Version« weiterhin hartnäckig abstreiten, zum Schweigen bringen. Dies ist jedoch faktisch nicht der Fall – und das liegt nicht nur an deren Starrköpfigkeit.

Es ist gewiss nicht immer leicht, das Wahre vom Falschen zu unterscheiden. Und wem kommt überhaupt die endgültige Entscheidung zu, wo Zweideutigkeiten und strittige Fragen überwiegen? Wer legt fest, ob das Komplott imaginär oder real ist? Derjenige, der über die größere Autorität verfügt? Oder einfach der, der mehr Macht hat? Die Ungewissheiten sind zahlreicher, als man zunächst annehmen könnte. Zwischen der Watergate-Affäre und dem Roswell-Ereignis, also dem Ort, an dem die Leichen von nach dem Absturz eines Ufos versteckten Außerirdischen liegen sollen, existiert eine breite Palette von mehr oder weniger realen, mehr oder minder imaginären Komplotten. Häufig widerlegt die Geschichte auf lange Sicht Hypothesen und Urteile; die Wahrheit, die nach und nach an den Tag kommt, kann allzu voreilige Verdikte grundlegend revidieren. Ganz zu schweigen von dem komplexen Spiegelspiel, bei dem fabrizierte Komplotte die wirklichen verschleiern, wie bei den von Stalin zwischen 1936 und 1938 angestrengten Prozessen gegen Trotzki und andere. Auch darf nicht vergessen werden, dass fiktive Komplotte nicht selten sehr konkrete, ja verheerende Auswirkungen zeitigen.[70]

Es gibt Komplottisten, weil es Komplotte gibt. Ein eklatantes Beispiel sind die Ereignisse nach dem 11. September 2001, als die angesehenste Demokratie der Welt zur Legitimierung ihrer andernfalls völlig illegitimen Intervention im Irak erklärte, Saddam Hussein besitze »Massenvernichtungswaffen«, und sogar ernsthaft versuchte, Beweise und Dokumente dafür vorzulegen. Dies war die offizielle Erklärung der amerikanischen Regierung, die später durch das Fehlen jeglicher Belege desavouiert und widerlegt wurde. Wie kann man angesichts solcher Fälle denjenigen einen Vorwurf machen, die die Mächtigen der List und Gerissenheit verdächtigen, die ihrerseits, während sie ihr eigenes Fehlverhalten vertuschen, anderen das Etikett von »Komplottisten« aufdrücken?

In demokratischen Ländern, in denen Transparenz den Schatten der *arcana imperii* eigentlich hätte auflösen sollen, ist nicht selten das Gegenteil geschehen. Der Einfluss der Geheimdienste sowie das vielzählige Versagen der Justiz haben verhindert, dass bezüglich obskurer und beunruhigender politischer Ereignisse Klarheit geschaffen wurde. Die sogenannte »Staatsangelegenheit« ist nur allzu häufig zum Grabstein der Wahrheit geworden. Sinnbildlich dafür steht der italienische Kontext, der seit den Sechzigerjahren von Putschversuchen, geheimdienstlichen Ablenkungsmanövern und Verschleierungen, rechtswidrigen Absprachen zwischen dem Staatsapparat und der Mafia sowie neofaschistischen Gewaltakten und Bombenattentaten geprägt war.[71] Auch heute noch bleiben diese Ereignisse weitestgehend geheimnisumwittert. Und als wolle man die Nebelwände weiter verdichten, werden hinter den Aktionen der Roten Brigaden weiterhin komplottistische Intrigen befeuert, mit dem nicht allzu verborgenen Ziel, diese weiter in Misskredit zu bringen. Die Absicht, die große Revolte der Linken zu diskreditieren, vielleicht die wichtigste in der westlichen Welt der Nachkriegszeit, eine Revolte, die zwar in einigen Bereichen in bewaffneten Kampf ausartete, in ihrer Gesamtheit jedoch breiten Konsens fand, ist allzu augenfällig. Wie sollten die Bürger im Angesicht einer solchen Vergangenheit über die Demokratie denken, in der sie leben? Welches Vertrauen in die Institutionen ist zu erwarten und welches Verhältnis zur Macht? Befeuert all das nicht womöglich den Komplottismus?

In einem kurzen literarischen Essay, in dem seine gefürchtete ironische Verve aufblitzt, lässt der Schriftsteller Mordecai Richler einen seiner Gesprächspartner sagen: »Das Problem mit Verschwörungstheorien ist, dass sich viele von ihnen als wahr herausgestellt haben. Jahrelang habe ich mich über meine linken Freunde lustig gemacht, wenn sie behaupteten, dass ihre Telefone abgehört würden oder dass Nixon ein Verbrecher sei, und jetzt stellt sich heraus, dass sie Recht hatten.«[72] Den Komplottismus auf ein pathologisches Phänomen zu reduzieren, auf eine Devianz, die gegen die Norm der etablierten Wahrheit verstößt, ist schlechterdings kontraproduktiv und setzt den perversen Mechanismus einer unendlichen Spirale in Gang. Der Experte, der aufgefordert wird, den diensthabenden Gegenexperten mit Daten und Tabellen zu widerlegen, verstärkt den Verdacht, verschärft Skepsis und Ressentiments. Genau deshalb wird der wohlfeile Anti-Komplottismus zu einem Bumerang, der nur dazu dient, die Kluft zwischen »richtig« und »falsch« denkenden Menschen zu vertiefen. Man hätte demnach davon auszugehen, dass Erstere, diejenigen mithin, die nur Lügen und Legenden wittern, wenn es um eine Infragestellung der konstituierten Mächte geht, auch auf deren Seite stehen und damit immer schon für diese Partei ergreifen. Was für die Misstrauischen wiederum nur als ein weiterer Beweis für ihre Verstrickung dienen wird.

Andererseits ist der Vorwurf des Komplottismus ein Machtinstrument, und es scheint offenkundig, dass der

Staat in den letzten Jahrzehnten immer raffinierteren Gebrauch davon gemacht hat. Wie es im Übrigen auch für den Terrorismus zutrifft, besitzt der Staat jedoch kein Monopol auf legitime Anschuldigungen – und kann andere daher auch nicht leichtfertig bezichtigen, Terroristen oder eben Komplottisten zu sein. Es sei denn, er will den Dissens kriminalisieren, Kritik abschmettern und jede mögliche Debatte bereits im Vorhinein entpolitisieren.

Auch Anti-Komplottisten erweisen sich so gesehen als von Komplotten besessen – und sei es nur, weil sie glauben, allerorten den langen Schatten von Komplottisten ausmachen zu können. Der Soziologe Frédéric Lordon hat mit Recht darauf hingewiesen, dass dies gerade den Mächtigen widerfährt, die im Getriebe der Macht einbegriffen, in dessen Spiele und Strategeme verwickelt sind.[73] Von dort aus starten sie sodann ihre antikomplottistischen Kreuzzüge gegen die Fake News der Andersdenkenden, gegen die Märchen der Volksparanoia. Auch wenn sich die polizistische Denunziation so von selbst disqualifiziert, wird die Macht jedoch auch nicht durch die Epidemie von tausend alternativen Wahrheiten infrage gestellt. Im Gegenteil, dies bedeutet, im Getriebe zu verbleiben und ihm weiteren Antrieb zu liefern – oder anders gesagt: sich aus freien Stücken der Ohnmacht zu verschreiben.

Gerade weil der Komplottismus eine Waffe zur Entpolitisierung der Massen darstellt, bedarf es einer dezidiert politischen Reflexion, um sich von diesem totalisierenden Erklärungsschema zu lösen. Wie immer gilt auch hier: Verstehen heißt nicht rechtfertigen und verlangt daher keinerlei Nachsicht. Es ist jedoch nicht zu übersehen, dass der Komplottismus seine tiefsten Wurzeln in der Angst und Isolation von Bürgerinnen schlägt, die sich vom öffentlichen Raum ausgeschlossen fühlen. Wo die *pólis* unzugänglich geworden, wo die Interpretationsgemeinschaft zersplittert ist, liegt auch die gemeinsame Wahrheit in Scherben – und das Gespenst des Komplotts kann weiter seine Kreise ziehen.

Anmerkungen

1 Unter ihren Wegbereitern ist insbesondere an Norman Cohn, Leo Löwenthal, Richard Hofstadter, Serge Moscovici, Raoul Girardet und Léon Poliakov zu erinnern.

2 Vgl. z. B. Rob Brotherton, *Suspicious Minds. Why We Believe Conspiracy Theories*, New York 2015.

3 Vgl. z. B. Michael Butter, »*Nichts ist, wie es scheint*«. *Über Verschwörungstheorien*, Berlin 2018.

4 Für eine Synopse vgl. Jovan Byford: *Conspiracy Theories. A Critical Introduction*, New York 2015; Pierre-André Taguieff, *Les théories du complot*, Paris 2021.

5 Vgl. Paolo Prodi, *Il sacramento del potere. Il giuramento politico nella storia costituzionale dell'Occidente*, Bologna 1992.

6 Vgl. Alex Butterworth, *The World That Never Was. A True Story of Dreamers, Schemers, Anarchists and Secret Agents*, London 2010.

7 Das hat Luc Boltanski im Rahmen seiner Dekonstruktion von gefestigten und eingespielten Definitionen wie etwa der von Peter Knight gezeigt. Vgl. Luc Boltanski, *Rätsel und Komplotte. Kriminalliteratur, Paranoia, moderne Gesellschaft*, übers. v. Christine Pries, Berlin 2015, S. 362 ff.; vgl. Peter Knight, »Making Sense of Conspiracy Theories«, in: ders. (Hg.), *Conspiracy Theories in American History. An Encyclopedia*, 2 Bde., Santa Barbara (CA) 2003, Bd. 1, S. 15.

8 Während Komplottisten und Verschwörungstheoretiker bereits seit Längerem Einzug in die Lexika erhalten haben, kann sich der »Komplottismus« als Bezeichnung des neuartigen Phänomens – auch aufgrund der Schwierigkeiten einer durchgängigen Definition – nur sehr langsam durchsetzen.

9 Vgl. »Clinical discussion«, in: *The Journal of Mental Science*, Bd. 16, hrsg. v. Henry Maudsley und John Sibbald, London 1870, S. 141.

10 Vgl. Martin Heidegger, »Das Ge-Stell« (1949), in: ders., *Bremer und Freiburger Vorträge* (GA, Bd. 79), hrsg. v. Petra Jaeger, Frankfurt/M. 1994, S. 24–45; ders., »Die Frage nach der Technik« (1953), in: ders., *Vorträge und Aufsätze* (GA, Bd. 7), hrsg. v. Friedrich-Wilhelm von Herrmann, Frankfurt/M. 2000, S. 5–36.

11 Vgl. Giorgio Agamben, *Was ist ein Dispositiv?*, übers. v. Andreas Hiepko, Zürich und Berlin 2008.

12 Vgl. François Furet, *Penser la Révolution française*, Paris 1978, S. 81 ff.

13 Vgl. Claude Lefort, »Die Frage der Demokratie«, übers. v. Kathrina Menke, in: Ulrich Rödel (Hg.), *Autonome Gesellschaft und libertäre Demokratie*, Frankfurt/M. 1990, S. 281–297.

14 Ebd., S. 293.

15 Vgl. Jacques Rancière, *Der Hass der Demokratie*, übers. v. Maria Muhle, Berlin [3]2016.

16 Im Original schon 1966 publiziert, zeigt der Klassiker von Norman Cohn bereits das gesamte Spektrum möglicher Konsequenzen auf; vgl. Norman Cohn, *Die Protokolle der Weisen von Zion. Der Mythos von der jüdischen Weltverschwörung*, übers. v. Michael Hagemeister, Baden-Baden 1998 (orig. *Warrant for Genocide. The Myth of the Jewish Conspiracy and the ›Protocols of the Elders of Zion‹*, New York 1966).

17 Vgl. Léon Poliakov, *La causalité diabolique. Essai sur l'origine des persécutions*, Paris 1980, S. 11.

18 Vgl. Manès Sperber, »Die polizistische Geschichtsauffassung«, übers. v. Suzanne Heintz, in: ders., *Die Achillesferse*, Köln 1960, S. 101–129.

19 Vgl. Karl R. Popper, *Die offene Gesellschaft und ihre* Feinde, Bd. 2: *Falsche Propheten*, übers. v. Paul K. Feyerabend,

München [6]1980, S. 181 ff.; ders., *Vermutungen und Widerlegungen. Das Wachstum der wissenschaftlichen Erkenntnis*, hrsg. v. Herbert Keuth, Tübingen [2]2009, S. 190 ff.

20 Friedrich Nietzsche, *Jenseits von Gut und Böse*, in: ders., KSA, Bd. 5, Berlin und New York 1988, S. 10–243, hier S. 36 (§ 21).

21 Friedrich Nietzsche, *Götzen-Dämmerung oder Wie man mit dem Hammer philosophirt*, in: ders., KSA, Bd. 6, Berlin und New York 1988, S. 56–161, hier S. 93 (§ 5).

22 Mircea Eliade, *Das Heilige und das Profane. Vom Wesen des Religiösen*, Frankfurt/M. 1984, S. 85.

23 Georges Sorel, *Über die Gewalt*, übers. v. Ludwig Oppenheimer, Frankfurt/M. 1981, S. 145.

24 Vgl. Furio Jesi, *Materiali mitologici. Mito e antropologia nella cultura europea*, hrsg. v. Andrea Cavalletti, Turin 2001, S. 81 ff.

25 Vgl. Theodore Ziolkowski, *Cults and Conspiracies. A Literary History*, Baltimore 2013, S. 159 ff.

26 Zum Einsatz und zum Gebrauch der *Protokolle* in den letzten Jahrzehnten, insbesondere in den arabischen Ländern, vgl. Pierre-André Taguieff, *L'imaginaire du complot mondial. Aspects d'un mythe moderne*, Paris 2006, S. 142 ff. Eine ausgezeichnete Orientierung stellt nach wie vor die Graphic Novel von Will Eisner, *Das Komplott. Die wahre Geschichte der Protokolle der Weisen von Zion*, Einführung von Umberto Eco, München 2005 dar.

27 Die drei kursiv gesetzten Erzählungen sind dem Roman von Hermann O. F. Goedsche *Biarritz*, den *Protokollen* aus dem Werk von Eugène Sue *Der ewige Jude* sowie dem Fortsetzungsroman von Alexandre Dumas *Joseph Balsamo* entnommen und werden hier frei nacherzählt.

28 Vgl. Richard Hofstadter, »The Paranoid Style in American Politics«, in: ders., *The Paranoid Style in American Politics, and Other Essays*, New York 2008, S. 3–40.

29 Vgl. Leo Löwenthal, *Falsche Propheten. Studien zur faschistischen Agitation*, übers. v. Susanne Hoppmann-Löwenthal, Berlin 2021.

30 Vgl. Theodor W. Adorno, Else Frenkel-Brunswik, Daniel J. Levinson und R. Nevitt Sanford: *The Authoritarian Personality*, New York 1950.

31 Vgl. Friedrich Nietzsche, *Zur Genealogie der Moral*, in: ders., KSA, Bd. 5, Berlin und New York 1988, S. 245–412, hier S. 270 ff. (§§ 10–15)

32 Vgl. Marc Angenot, *Les idéologies du ressentiment*, Montréal 1997.

33 Vgl. Max Scheler, *Das Ressentiment im Aufbau der Moralen*, hrsg. v. Manfred S. Frings, Frankfurt/M. [3]2017.

34 Anthony Giddens hat das bereits früh gesehen. Vgl. Anthony Giddens, *Entfesselte Welt. Wie die Globalisierung unser Leben verändert*, übers. v. Frank Jakubzik, Frankfurt/M. 2001.

35 Vgl. Ernst Jünger, *Der Weltstaat. Organismus und Organisation*, Stuttgart 1960.

36 Vgl. Jacques Attali, *Demain, qui gouvernera le monde?*, Paris 2011.

37 Vgl. Paul Hanebrink, *A Specter Haunting Europe. The Myth of Judeo-Bolshevism*, Cambridge und London 2018.

38 Johann Gottlieb Fichte, »Beitrag zur Berichtigung der Urteile des Publikums über die französische Revolution (1793)«, in: ders., *Schriften zur Revolution*, hrsg. v. Bernard Willms, Wiesbaden 1967, S. 34–214, hier S. 114 ff.

39 Vgl. Serdar Kaya, »The Rise and Decline of the Turkish ›Deep State‹. The Ergenekon Case«, in: *Insight Turkey* 11/2009, S. 99–113. Zum Begriff des »tiefen Staates« vgl. Gérald Bronner, »L'État profond, c'est la stigmatisation du caractère illusoire du monde, et du pouvoir en particulier«, in: *L'Opinion* vom 22. Juli 2020, {https://

www.lopinion.fr/economie/gerald-bronner-letat-profond-cest-la-stigmatisation-du-caractere-illusoire-suppose-du-monde-et-du-pouvoir-en-particulier}.

40 Vgl. Max Weber, *Wirtschaft und Gesellschaft*, hrsg. v. Johannes Winckelmann, Tübingen [5]1976.

41 Nicht minder beunruhigend ist die Nachricht von einer 2017 in Frankreich durchgeführten Umfrage mit dem Titel *Enquête sur le complotisme* der Fondation Jean-Jaurès und des Observatoire du conspirationnisme, wonach nahezu die Hälfte der Befragten die Meinung vertrat, dass Einwanderung »ein politisches Projekt ist, um eine Kultur durch eine andere zu ersetzen, das von den politischen, intellektuellen und medialen Eliten bewusst organisiert wird und dem Einhalt geboten werden sollte, indem man diese Menschen dorthin zurückschickt, wo sie hergekommen sind«. Vgl. {https://www.ifop.com/wp-content/uploads/2018/03/3942-1-study_file.pdf}.

42 Vgl. Valérie Igounet und Rudy Reichstadt, »›Le Grand Remplacement‹ est-il un concept complotiste?«, in: *Fondation Jean-Jaurès*, September 2018, {https://www.jean-jaures.org/publication/le-grand-remplacement-est-il-un-concept-complotiste/}.

43 Vgl. Adolf Hitler, *Mein Kampf*, München 1943, S. 334 ff.

44 Vgl. Ingrid Walker Fields, »White Hope. Conspiracy, Nationalism, and Revolution in *The Turner Diaries* and *Hunter*«, in: Peter Knight (Hg.), *Conspiracy Nation. The Politics of Paranoia in Postwar America*, New York und London 2002, S. 157–176.

45 Auch andere Attentate, darunter der Bombenanschlag von Oklahoma City im April 1995, konnten mit diesem Buch in Verbindung gebracht werden.

46 Vgl. Norman Cohn, *Das neue irdische Paradies. Revolutionärer Millenarismus und mystischer Anarchismus im mittelalterlichen Europa*, übers. v. Eduard Thorsch, Hamburg 1988.

47 Vgl. Raoul Girardet, *Mythes et mythologies politiques*, Paris 1986, S. 44 ff.

48 Vgl. Philippe Burrin, *Ressentiment et apocalypse. Essai sur l'antisémitisme nazi*, Paris 2004; vgl. auch Donatella Di Cesare, »Antisemitismo«, in: *Enciclopedia Treccani. Lessico del XXI secolo*, Rom 2021, S. 61–66.

49 Vgl. Cas Mudde und Cristóbal Rovira Kaltwasser, *Populismus. Eine sehr kurze Einführung*, übers. v. Anne Emmert, Bonn 2019.

50 Vgl. Ernesto Laclau, *Die populistische Vernunft*, übers. v. Boris Kränzel, Wien 2022.

51 Vgl. Pierre-André Taguieff, *L'illusion populiste. Essai sur les démagogies de l'âge démocratique*, Paris [2]2007, S. 38 f. und 176 ff.

52 Vgl. Russell Muirhead und Nancy Rosenblum, *A Lot of People Are Saying. The New Conspiracism and the Assault on Democracy*, Princeton 2019, S. 62 ff.

53 Vgl. Fredric Jameson, »Cognitive Mapping«, in: Cary Nelson und Lawrence Grossberg (Hg.), *Marxism and the Interpretation of Culture*, London 1988, S. 347–360, hier S. 356; vgl. auch Fran Mason, »A Poor Person's Cognitive Mapping«, in: Peter Knight (Hg.), *Conspiracy Nation*, S. 40–56.

54 Vgl. Umberto Eco, *Die Grenzen der Interpretation*, übers. v. Günter Memmert, München 1992, S. 61 ff.

55 Ebd., S. 69.

56 Georg Simmel, »Das Geheimnis und die geheime Gesellschaft«, in: ders., *Soziologie. Untersuchungen über die Formen der Vergesellschaftung*, Berlin 1908, S. 256–304, hier S. 274 f.

57 Marc Bloch, *Apologie der Geschichtswissenschaft oder Der Beruf des Historikers*, übers. v. Wolfram Bayer, Stuttgart 2002, S. 92.

58 Theodor W. Adorno, *Minima Moralia. Reflexionen aus dem beschädigten Leben*, Frankfurt/M. 1951, S. 468.

59 Zu seiner Figur und seinen Entscheidungen vgl. Donatella Di Cesare, *Die Zeit der Revolte*, übers. v. Daniel Creutz, Leipzig 2021, S. 124 ff.

60 Baruch Spinoza, *Theologisch-politischer Traktat*, XX.

61 Vgl. Stanley Fish, »›Transparency‹ is the Mother of Fake News«, in: *The New York Times* vom 7. Mai 2018, {https://www.nytimes.com/2018/05/07/opinion/transparency-fake-news.html}.

62 Friedrich Nietzsche, *Nachgelassene Fragmente 1885–1887*, in: ders., KSA, Bd. 12, S. 315 (7,60).

63 Vgl. Martin Parker, »Human Science as Conspiracy Theory«, in: ders. und Jane Parish (Hg.), *The Age of Anxiety. Conspiracy Theories and the Human Sciences*, Oxford 2011, S. 191–207.

64 In diese Richtung argumentiert zum Teil auch Fredric Jameson, wenn auch mit völlig anderen Absichten.

65 Vgl. Bruno Latour, »Why Has Critique Run Out of Steam? From Matters of Facts to Matters of Concern«, in: *Critical Inquiry* 30/2004, S. 225–248, hier S. 230.

66 Vgl. Luc Boltanski, *Rätsel und Komplotte.*

67 Vgl. Paul Ricœur, *Die Interpretation. Ein Versuch über Freud*, übers. v. Eva Moldenhauer, Frankfurt/M. 1969, S. 45 ff.

68 Vgl. Ginna Husting und Martin Orr, »Dangerous Machinery. ›Conspiracy Theorist‹ as a Transpersonal Strategy of Exclusion«, in: *Symbolic Interaction* 30/2007, S. 127–150.

69 Vgl. Noam Chomsky, »9-11: Institutional Analysis vs. Conspiracy Theory«, in: *Z Communications* 2006, Blog.

70 Vgl. Carlo Ginzburg, *Il filo e le tracce. Vero, falso, finto*, Mailand 2006, S. 301 ff.

71 Vgl. zu diesem politischen Klima Carlo Ginzburg, *Der Richter und der Historiker. Überlegungen zum Fall Sofri*, übers. v. Walter Kögler, Berlin 1991.

72 Mordecai Richler, *Un mondo di cospiratori*, Mailand 2007, S. 57 (orig. in: *Broadsides. Reviews and Opinions*, Toronto 1990).

73 Vgl. Frédéric Lordon, »Le complotisme de l'anticomplotisme«, in: *Le Monde diplomatique*, Oktober 2017, {https://www.monde-diplomatique.fr/2017/10/LORDON/57960}.

Weitere Literatur

Barkun, Michael, *A Culture of Conspiracy. Apocalyptic Visions in Contemporary America*, Berkeley 2003.

Berger, J. M., *Extremism*, Cambridge (MA) 2018.

Bratich, Jack Z., *Conspiracy Panics. Political Rationality and Popular Culture*, Albany (NY) 2008.

Brayard, Florent, *Auschwitz. Enquête sur un complot nazi*, Paris 2012.

Butter, Michael, »*Nichts ist, wie es scheint*«. *Über Verschwörungstheorien*, Berlin 2018.

Butter, Michael und Knight, Peter (Hg.), *Routledge Handbook of Conspiracy Theories*, London und New York 2020.

Byford, Jovan, *Conspiracy Theories. A Critical Introduction*, New York 2015.

Campi, Alessandro und Varasano, Leonardo (Hg.), *Congiure e complotti. Da Machiavelli a Beppe Grillo*, Soveria Mannelli 2016.

Cassam, Quassim, *Conspiracy Theories*, Cambridge 2019.

Coady, David (Hg.), *Conspiracy Theories. The Philosophical Debate*, Aldershot 2019.

Cueille, Julien, *Le symptôme complotiste. Aux marges de la culture hypermoderne*, Toulouse 2020.

Danblon, Emmanuelle und Nicolas, Loïc (Hg.), *Les rhétoriques de la conspiration*, Paris 2010.

Dard, Olivier, *La synarchie. Le mythe du complot permanent*, Paris 1998.

Dentith, Matthew R. X., *The Philosophy of Conspiracy Theories*, London 2014.

Dentith, Matthew R. X. (Hg.), *Taking Conspiracy Theories Seriously*, Lanham (MD) 2018.

Dieguez, Sebastian, *Total Bullshit! Au cœur de la post-vérité*, Paris 2018.

Fenster, Mark, *Conspiracy Theories. Secrecy and Power in American Culture*, Minneapolis 1999.

Goldberg, Robert A., *Enemies Within. The Culture of Conspiracy in Modern America*, New Haven (CT) und London 2001.

Gray, Matthew, *Conspiracy Theories in the Arab World. Sources and Politics*, London und New York 2010.

Knight, Peter (Hg.), *Conspiracy Nation. The Politics of Paranoia in Postwar America*, New York und London 2002.

Landes, Richard und Katz, Steven T. (Hg.), *The Paranoid Apocalypse. A Hundred-Year Retrospective on the Protocols of the Elders of Zion*, New York und London 2012.

Moscovici, Serge, »The Conspiracy Mentality«, in: ders. und Graumann, Carl Friedrich (Hg.), *Changing Conceptions of Conspiracy*, New York und Berlin 1987, S. 151–169.

Pipes, Daniel, *Verschwörung. Faszination und Macht des Geheimen*, übers. v. Gerhard Beckmann, München 1998.

Reichstadt, Rudy, Igounet, Valérie und Debono, Emmanuel, *Complotisme et négationnisme. Un panorama*, Observatoire du conspirationnisme, rapport 2018, Paris 2019.

Reichstadt, Rudy, *L'opium des imbéciles. Essai sur la question complotiste*, Paris 2019.

Reinalter, Helmut (Hg.), *Handbuch der Verschwörungstheorien*, Leipzig 2018.

Renard, Jean-Bruno, »Les rumeurs négatrices«, in: *Diogène* 213/2006, S. 54–73.

Sunstein, Cass R., *Conspiracy Theories and Other Dangerous Ideas*, New York 2004.

Taguieff, Pierre-André, *Court traité de complotologie, suivi de Le »Complot judéo-maçonnique«: fabrication d'un mythe apocalyptique moderne*, Paris 2013.

–, *Hitler, les »Protocoles des Sages de Sion« et »Mein Kampf«. Antisémitisme apocalyptique et conspirationnisme*, Paris 2020.

–, *Les théories du complot*, Paris 2021.

Taïeb, Emmanuel, »Logiques politiques du conspirationnisme«, in: *Sociologie et sociétés* 42/2010, S. 265–289.

Uscinski, Joseph E., *Conspiracy Theories. A Primer*, Lanham (MD) 2020.

Uscinski, Joseph E. (Hg.), *Conspiracy Theories and the People Who Believe Them*, Oxford und New York 2018.

Wu Ming 1, *La Q di Qomplotto. QAnon e dintorni: Come le fantasie di complotto difendono il sistema*, Rom 2021.

Die Übersetzung dieses Buches ist dank einer Förderung des italienischen Ministeriums für Auswärtige Angelegenheiten und Internationale Kooperation entstanden.

Questo libro è stato tradotto grazie ad un contributo del Ministero degli Affari Esteri e della Cooperazione Internazionale Italiano.

Erste Auflage Berlin 2022

MSB Matthes & Seitz Berlin Verlagsgesellschaft mbH
Göhrener Str. 7 | 10437 Berlin

Einbandgestaltung: Dirk Lebahn, Berlin
Satz und Gestaltung: Monika Grucza-Nápoles, Berlin
Druck und Bindung: GGP Media GmbH, Pößneck
Printed in Germany
ISBN 978-3-7518-0374-8
www.matthes-seitz-berlin.de

Mehdi Belhaj Kacem

Artaud und die Theorie des Komplotts

Aus dem Französischen von Till Bardoux
75 Seiten, Klappenbroschur

Das Komplott ist die Quelle der modernen Literatur. Der französische Philosoph Mehdi Belhaj Kacem ist überzeugt, dass die Erfahrung des Verfolgtwerdens nicht nur ein zentraler Topos, sondern nahezu ununterscheidbar mit der Literatur selbst. Im Angesicht der Gewalt moderner Gesellschaften ist es dabei gar nicht so wichtig, ob diese Verfolgung real ist oder nicht, ganz nach dem Motto: »Nur weil du paranoid bist, heißt das nicht, dass sie nicht hinter dir her sind.« Auf der Suche nach einer Antwort auf die Frage nach dem Sinn von Literatur besinnt Kacem sich auf Hölderlin, Pierre Michon und allen voran Antonin Artaud, um dem existenziellen Wagnis, das sie eingehen, auf die Spur zu kommen. Sie kennen keine Trennung von Leben und Werk und setzen sich bedingungslos den Abgründen des gesellschaftlichen Bösen aus. Kacem erinnert uns daran, dass jede echte Literatur gefährlich ist – für die, die sie schreiben, wie für die, die sie lesen.

»Als ›gefährliche Literatur‹ im Sinne Kacems kristallisiert sich jene heraus, die es versteht, den Spannungszustand zwischen Pathos und Parodie auszuhalten, die das Leid und die Tränen nicht ausblendet, die sich verletzlich macht und zugleich Zähne zeigt.« – Anja Kümmel, *Die Zeit*

Donatella Di Cesare

Von der politischen Berufung der Philosophie

Aus dem Italienischen von Daniel Creutz
175 Seiten, Hardcover mit Schutzumschlag

Während in der vollends globalisierten, kapitalisierten und integrierten Welt ohne Außen Krise auf Krise folgt und menschenfeindliche Positionen immer mehr Raum gewinnen, verhält die Philosophie sich eigentümlich konformistisch. In ihrer ebenso leidenschaftlichen wie scharfsinnigen Abhandlung ruft Donatella Di Cesare die Philosophie dazu auf, sich wieder ins politische Handgemenge zu begeben und in die Stadt, die globale Polis, zurückzukehren, aus der sie nach dem Tod des Sokrates vertrieben worden war. Getragen von radikalem Existenzialismus und einem neuen Anarchismus zeigt sie, dass in die abendländische Philosophie seit ihrem antiken Anfang eine politische Berufung eingeschrieben war, deren Verdrängung sie um ihr Wertvollstes, um ihre aufklärerische Potenz, bringt. Doch Kritik und Dissens allein reichen nicht mehr aus. Der Niederlage des Exils, der inneren Emigration eingedenk kehren die Philosophen jetzt zurück, um ein Bündnis mit den Unterdrückten zu schmieden. Ein fulminantes Plädoyer für die politische Relevanz der Philosophie, ihre radikale Zeitgenossenschaft und ihre atopische Widerstandskraft.

»Philosophie muss die Welt aus den Angeln heben. Davon ist die italienische Philosophin Donatella Di Cesare überzeugt.«
– Gerd Brendel, *Deutschlandfunk Kultur*

Donatella Di Cesare
Philosophie der Migration

Aus dem Italienischen von Daniel Creutz
343 Seiten, Hardcover mit Schutzumschlag

Im neuen Zeitalter der Mauern und Grenzen, in einer mit Internierungslagern für Flüchtlinge übersäten Welt, spricht sich Di Cesare für eine Politik der Gastfreundschaft aus, die sich auf eine Loslösung vom eigenen Wohnort gründet. Denn es gibt jedoch kein territoriales Recht, das eine Politik der verallgemeinerten Zurückweisung rechtfertigen könnte. Im Rahmen einer Ethik, die auf globale Gerechtigkeit ausgerichtet ist, reflektiert die italienische Philosophin Donatella Di Cesare luzide die grundlegende Bedeutung des Migrierens: Wohnen und Migrieren bilden keine Gegensätze, wie der in den Fängen der alten Gespenster von Blut- und Bodenrecht begriffene Gemeinsinn meint. Stattdessen stellt sich Di Cesare der Herausforderung, die von der Migration für jegliches Verständnis von Gemeinschaft ausgeht, und entdeckt dabei Möglichkeiten, das Zusammenwohnen neu zu denken.

»Manchmal, selten, erscheinen Bücher, die wie ein Schock wirken. Die das Fundament des eigenen Denkens erschüttern, uns die Welt neu sehen lassen. Und vor allem neu aufzeigen, wie wir unseren Planeten gemeinsam bewohnen und gestalten könnten. Die italienische Philosophin Donatella Di Cesare schreibt solche – im besten Sinne – radikalen Bücher, über Migration und Flucht zum Beispiel. Sie zählt deshalb zu den prägenden Intellektuellen ihres Landes, unseres Kontinents.«
– Wolfram Eilenberger, *SRF* – Sternstunde Philosophie

Mark J. Sedgwick

Gegen die moderne Welt
Die geheime Geistesgeschichte des 20. Jahrhunderts

Aus dem Englischen von Nadine Miller
549 Seiten, gebunden mit Schutzumschlag

Unbemerkt von der Öffentlichkeit entstanden um die Jahrhundertwende in konservativ-christlichen Milieus Europas esoterische und okkultistische Zirkel, die sich auf mystische Religionsformen des Fernen Ostens und des Islam bezogen und sich zum Ziel gesetzt hatten, die dekadente Moderne mit ihrem Individualismus und Materialismus zu bekämpfen. In seiner groß angelegten und packenden Studie über den »Traditionalismus« rekonstruiert Mark Sedgwick zum ersten Mal diese geheime Geistesgeschichte des 20. Jahrhunderts und zeigt, wie die antidemokratischen Glaubenslehren so verschiedene Zusammenhänge wie die Theosophie, den Thule- und Runenkult der NSDAP und das Denken des frühen italienischen Faschismus entscheidend prägten. Dabei ist Sedgwicks Detektivgeschichte in unserer Zeit von erschreckender Brisanz – mit Alt-Right ist das Erbe des Traditionalismus heute aus den Hinterzimmern auf die große Weltbühne gerückt.

»Akribisch, kenntnisreich und mit sprachlichem Geschick verfolgt Mark Sedgwick die Wege Guénons und seiner geistigen Mitstreiter – begleitet die Entstehung und Entwicklung der traditionalistischen Lehre, ihre Praxis und vielfältigen Verzweigungen in der Gegenwart.«
– Thomas Palzer, *Deutschlandfunk*